BIBLIOTECA ESCOLAR HOJE

D947b Durban Roca, Glòria.
    Biblioteca escolar hoje : recurso estratégico para a escola / Glòria Durban Roca ; tradução : Carlos Henrique Lucas Lima ; revisão técnica: Miriam Moema Loss. – Porto Alegre : Penso, 2012.
    110 p. : il. ; 23 cm

    ISBN 978-85-63899-48-4

    1. Educação. 2. Biblioteca escolar. 3. Prática pedagógica. I. Título.

                                                    CDU 37.02:027.8

Catalogação na publicação: Ana Paula M. Magnus – CRB 10/2052

GLÒRIA DURBAN ROCA
Escola Técnica Profissional do Clot, Barcelona

BIBLIOTECA ESCOLAR HOJE

recurso estratégico para a escola

Tradução:
Carlos Henrique Lucas Lima

Consultoria, supervisão e revisão técnica desta obra:
Miriam Moema Loss
Especialista em Gestão de Bibliotecas Universitárias pela
Universidade Federal do Rio Grande do Sul (UFRGS).

2012

Obra originalmente publicada sob o título
La biblioteca escolar, hoy. Un recurso estratégico para el centro, 1ª edición.
ISBN 9788478279111

© 2010, Editorial Graó de IRIF, S.L., Barcelona.

Capa: *Márcio Monticelli*

Ilustrações: istockphoto/Magnus Johansson
istockphoto/Ilker Canikligil

Preparação do original: *Marcos Vinícius Martim da Silva*

Editora sênior – Ciências Humanas: *Mônica Ballejo Canto*

Editora responsável por esta obra: *Carla Rosa Araujo Cunha*

Editoração eletrônica: *Formato Artes Gráficas*

Reservados todos os direitos, em língua portuguesa, à
PENSO EDITORA LTDA., divisão do Grupo A Educação S.A.
Av. Jerônimo de Ornelas, 670 – Santana
90040-340 Porto Alegre RS
Fone (51) 3027-7000 Fax (51) 3027-7070

É proibida a duplicação ou reprodução deste volume, no todo ou em parte,
sob quaisquer formas ou por quaisquer meios (eletrônico, mecânico, gravação,
fotocópia, distribuição na Web e outros), sem permissão expressa da Editora.

SÃO PAULO
Av. Embaixador Macedo Soares, 10.735 – Pavilhão 5 – Cond. Espace Center
Vila Anastácio – 05095-035 – São Paulo SP
Fone (11) 3665-1100 Fax (11) 3667-1333

SAC 0800 703-3444
IMPRESSO NO BRASIL
PRINTED IN BRAZIL

Sumário

Apresentação 7

1 Terreno educacional ou terra de fronteira?
Situação atual da biblioteca escolar 13

2 Conceito e função da biblioteca escolar.
Modelo de implementação como recurso educacional útil......................... 23

3 Desafios e prioridades para a escola.
Necessidades educacionais que a biblioteca escolar pode suprir 41

4 Biblioteca escolar e cultura digital.
A coexistência de meios para a promoção da cultura escrita...................... 53

5 Enfoque em competências e meios de ensino.
Aspectos metodológicos e vinculação da biblioteca escolar........................ 65

6 Substância educacional e currículo.
Conteúdos educacionais vinculados à biblioteca escolar........................... 75

7 Função de apoio à prática docente.
A biblioteca no âmbito do planejamento e da organização escolar........... 89

8 Formas de apoio pedagógico.
Ações da biblioteca escolar a serviço do ensino..................................... 99

Referências... 107

Apresentação

Este livro aborda os aspectos mais relevantes para o entendimento da biblioteca escolar como um recurso educacional. Ao mesmo tempo, propõe vincular a implementação da biblioteca escolar a determinados conteúdos curriculares e entendimentos que sustentam a argumentação de seu desenvolvimento. Tudo isso permite considerar a biblioteca escolar como um recurso útil para obter um ensino de qualidade.

Facilitar a compreensão sobre o porquê e o para que da biblioteca escolar é uma necessidade atualmente. É preciso esclarecer conceitos para permitir posições firmes em prol do desenvolvimento estável da biblioteca escolar por parte das administrações educacionais e – de forma paralela – de uma promoção de seu uso real nas escolas. Essas são as duas formas de atuação para sua implementação.

Não podemos permitir que modas, imposições, fatos impensados ou desânimos coletivos nos confundam; em vez disso, devemos fundamentar o futuro da biblioteca escolar vinculando-o ao desenvolvimento da cultura digital e ao apoio da aprendizagem de conteúdos fundamentais que determinam as competências básicas do currículo escolar. Estes conteúdos são, principalmente, a competência leitora, a competência informacional e a competência literária, totalmente imprescindíveis para a formação dos cidadãos do século XXI. Uma formação que devemos lutar para não ser puramente tecnológica, mas plenamente humanista. Essa visão representa uma determinada perspectiva da educação em que os meios são apenas meios – tecnologia – e não fins em si mesmos; em que o fundamento educacional foca no desenvolvimento de habilidades linguísticas e cognitivas que permitem compreender e articular conteúdos.

O uso da palavra – escutada, escrita, lida, falada, etc. – representa o desenvolvimento do pensamento abstrato e a conceituação das ideias. Por isso, devemos desenvolver plenamente o uso da linguagem na escola como veículo comunicativo e possibilitar, de modo cotidiano, que nossos alunos envolvam-se com firmeza na cultura escrita por meio da leitura e da escrita de toda a classe de textos. Essa é, sem dúvida, uma perspectiva da educação plenamente humanista que relaciona-se sem medos ou preconceitos com as conquistas obtidas pelas tecnologias digitais. Esse enfoque não tem seu centro na tecnologia utilizada, mas nos processos de construção do conhecimento e na preservação, no incentivo e na criação de conteúdos significativos. A educação apenas desenvolve-se com essas premissas.

Atualmente, a facilidade que temos para acessar os mais diversos conteúdos, graças à mediação tecnológica, não garante que eles sejam realmente compreendidos. A tecnologia pode ou não ser facilitadora dos processos mentais necessários para a compreensão. Ao mesmo tempo, a visão humanista exige que se acompanhe as habilidades e destrezas linguísticas e de pensamento, a partir de determinadas atitudes e predisposições pessoais que as promovam e desenvolvam. Deve-se fomentar e cultivar nos alunos o desejo de saber e de conhecer; provocar a busca de sentido nas ações que realizam e apresentar valores que incentivem a vontade de participar e ter influência na vida como cidadão. Desse modo, para a educação, a curiosidade e a criatividade apresentam-se como elementos fundamentais.

A leitura é chave nesse contexto, embora seja uma evidência. Precisamos exercer a prática cotidiana da leitura para agir nesses aspectos. E a escola possui uma grande responsabilidade. A leitura apresenta-se como a grande ferramenta da qual dispomos para nos apropriarmos da linguagem e ativarmos o pensamento reflexivo. No entanto, as evidências, muitas vezes, perdem-se quando o terreno que as deve sustentar não está bem sólido. Por isso, deve-se esclarecer sua importância para que seja possível apreciar seu verdadeiro significado.

A promoção da cultura da escrita deve ser uma prioridade educacional à qual a biblioteca escolar pode fornecer um apoio específico, porque as bibliotecas nasceram – há muitos anos, é verdade – para isto: dar amparo, perenidade e acesso aos textos. Na atualidade, todas as formas de biblioteca escolar promovem a cultura escrita, imputando-lhe um lugar de destaque na realidade diversa de seus recursos. As bibliotecas não podem ser socialmente consideradas como elementos em vias de extinção, mas devem ser conceituadas como símbolos vivos da complementaridade dos meios e dos suportes pelos quais nosso tempo caracteriza-se. Nesse sentido, as bibliotecas têm pleno significado na sociedade do século XXI.

É nesse contexto, portanto, que deve-se pensar o futuro da biblioteca escolar. Deve-se mostrar suas contribuições e sua utilidade. Para isso, é preciso partir dos discursos que diversos estudiosos realizaram ao longo da última década. É preciso que reconheçamos que sem o trabalho teórico que nos precede não seria possível construir nada e, sobretudo, sem a ação de base realizada nas escolas, que demonstra que as bibliotecas escolares são úteis, tampouco seria possível argumentar alguma coisa.

De acordo com essas premissas, este livro ilustra a base para uma reflexão que nasce e alimenta-se do contraste e da conjunção de diversas disciplinas, do estudo dos modelos existentes e da valoração do uso cotidiano da biblioteca escolar. Tudo isso, por sua vez, deve ser enriquecido pelas contribuições de coordenadores de bibliotecas que, com suas dúvidas e seus problemas, junto com acertos e ilusões, torna possível o desenvolvimento real da biblioteca escolar em suas escolas, mostrando, assim, sua verdadeira utilidade. A reflexão permitirá esclarecer a conceituação da biblioteca escolar à luz não apenas das mudanças sociais que a cultura digital provocou no uso da informação e das práticas leitoras, como também a partir das reais necessidades geradas nas escolas que exigem que se reformule o desenvolvimento dos processos de ensino e de aprendizagem. Não é questão de inventar uma nova biblioteca escolar. O conceito e o modelo que se generalizou, e que temos desenvolvido há vários anos, são válidos. As funções desempenhadas são relevantes e as necessidades educacionais da escola, às quais deve-se responder, são fundamentalmente as mesmas, já que são o núcleo da finalidade da educação. No entanto, é preciso voltar a falar disso com firmeza e clareza. Ao mesmo tempo, os anseios de renovação pedagógica e inovação educacional não são novos, e repetem-se os esforços individuais ou de pequenos coletivos para experimentar e promover mudanças no que tange à administração. Todavia, agora são muitos os que defendem o uso de novas tecnologias em detrimento da utilização da biblioteca escolar em si, excluindo a possibilidade de utilizar esses recursos como complemento. Apesar de dispormos, atualmente, de novas ferramentas ou tecnologias, percebemos que esse fato não consegue, de maneira geral, promover uma melhora real na qualidade do ensino. Porque nada é fácil, embora tudo pareça possível, se não há sistematização no planejamento educacional e se este não foca na melhoria da organização escolar, na distribuição dos horários e de agrupamento dos alunos.

As mudanças apresentam-se como imprescindíveis, além de determinarem as demandas sociais promulgadas em nível global pelas chamadas "alfabetizações múltiplas" e, no contexto escolar, pela nova base curricular estruturada em competências. A biblioteca deverá desempenhar uma função de apoio em todo esse processo de mudança e reestruturação proposto pela LOE (Lei Orgânica de Educação).*

As funções outorgadas à biblioteca escolar não deveriam ser questionadas, mas a realidade faz com que tais atribuições choquem-se com diferentes problemas intrínsecos do sistema escolar. Até o momento, concentramos nossos esforços em desenvolver, de modo lento, bibliotecas escolares como centros de recursos a serviço do ensino e da aprendizagem. Esse modelo, amplamente aceito pela comunidade profissional, resultou, na última década, em duas visões diferenciadas da biblioteca escolar. Uma coloca a importância na gestão dos recursos e na elaboração de serviços bibliotecários, a outra formula uma conceituação mais centrada na utilidade da biblioteca como recurso ou ferramenta educacional a serviço do ensino e da aprendizagem.

A partir dessa realidade nascerá a possibilidade de uma visão mais clara e nítida da biblioteca escolar, a qual será pensada para ser útil. A biblioteca escolar deverá responder às atuais necessidades das escolas. Deverá ancorar-se no sistema educacional ao articular-se como recurso educativo facilitador que gera possibilidades reais de apoio ao trabalho docente, sem falsos protagonismos e com plena efetividade. Por sua vez, a biblioteca escolar deve ser implementada de maneira totalmente relacionada e vinculada com o desenvolvimento de novas tecnologias, uma vez que devemos considerar esses recursos como meios de ensino facilitadores dos processos de aprendizagem. Porque é possível e necessário dar valor, dentro do contexto escolar, a todo o potencial pedagógico do qual a biblioteca escolar dispõe como ferramenta didática nas mãos dos professores. São eles que devem decidir quando e de que maneira a biblioteca deve ser utilizada – com o apoio dos coordenadores de biblioteca, é claro, os quais deverão desenvolver uma função facilitadora, como guias e mediadores. Mesmo assim, também o coordenador dos recursos

---

* N. de T.: No original, *Ley Orgánica de Educación.*

das Tecnologias da Informação e Comunicação (TIC) da escola deve ser considerado da mesma maneira. Vemos que as duas figuras teriam de trabalhar de forma coordenada e vinculada, formando uma equipe de apoio pedagógico centrada não em justificar a existência do recurso que coordenam, mas em assessorar na metodologia que tais recursos possibilitam e na articulação dos conteúdos curriculares aos quais seu uso é vinculado.

É fato que muitos são aqueles que consideraram, idealisticamente, a biblioteca escolar como o "motor da escola", geradora de mudanças educacionais; igualmente, outros estudiosos das tecnologias da informação conceituaram do mesmo modo a função das novas tecnologias em sua recente implementação. Essas são posições pouco realistas e que levam, necessariamente, ao desânimo, porque não enxergam que a verdadeira mudança metodológica e a melhora real do ensino passa, unicamente, pela ação dos professores, por sua atitude e seu profissionalismo.

A reflexão nos conduz a considerar que o eixo por meio do qual o conceito de biblioteca escolar articula-se e em torno do qual giram todos os elementos já não pode ser unicamente a centralização de recursos e a realização de serviços bibliotecários destinados à utilização, mas o processo de ensino-aprendizagem e a prática da leitura.

Existe uma mudança de paradigma em nível social que afeta a questão, pois o acesso à informação em seus múltiplos formatos transpassa as fronteiras do tempo e do espaço. A revolução digital é uma revolução de tamanha magnitude que determina, em primeira instância, que os recursos já não necessitem de centralização, pois, na atualidade, podem ser encontrados na internet.

Precisamos romper com essa percepção, uma vez que necessitamos de recursos de qualidade para o ensino, selecionados e revisados, e não qualquer tipo de recurso ou conteúdo informativo ou literário. Nem tudo vale. E, ao mesmo tempo, necessitamos de contextos físicos que facilitem o encontro pessoal e que estejam preparados para a ação educacional. Espaços em que se possa estar de modo cômodo e que, por sua vez, permitam a conexão com as tecnologias digitais. Não podemos menosprezar o valor do contato pessoal que é experimentado na biblioteca no transcurso de trabalhos colaborativos ou leituras compartilhadas. Assim, o valor presencial da biblioteca como contexto físico é muito considerável.

Por fim, a clareza e a nitidez com que podemos perceber a biblioteca escolar nos dizem que deve-se ressaltar – de maneira fundamental –, o modelo em que estamos desenvolvendo o processo de ensino-aprendizagem e a prática de leitura, o porquê da biblioteca escolar. O conceito de biblioteca escolar possui múltiplas dimensões e não podemos circunscrevê-lo apenas a um enfoque. É preciso ter um olhar que aborde a questão a partir de todos os prismas. As perspectivas devem ser entrelaçadas, uma vez que entrelaçadas estão as contribuições que a biblioteca traz à escola. Como indica Morin (1999), aquilo que foi tecido conjuntamente e que apresenta-se como complexo deve, por sua vez, ser situado e compreendido em seu contexto e na globalidade em que inscreve-se. Nesse caso, o contexto é o âmbito da educação obrigatória e a globalidade refere-se à valorização conjunta das diversas dimensões que configuram a biblioteca escolar. Em primeiro lugar, sua dimensão física, que compartilha com qualquer outro tipo de biblioteca: como estrutura organizacional estável e contexto presencial favorecedor de processos de aprendizagem e práticas leitoras. E, em segundo lugar, sua dimensão educativa que representa o elemento diferencial que a caracteriza: como recurso educacional e agente interdisciplinar de apoio pedagógico. Essa é a essência que sustenta a questão. A função plenamente educativa da biblioteca escolar, porque sua utilização está vinculada à finalidade de apoiar o desenvolvimento pessoal e social de nossos alunos em aspectos intelectuais e emocionais, a fim de possibilitar a aprendizagem e o exercício continuado da leitura com grande diversidade de recursos materiais.

Uma biblioteca em uma escola, implementada como recurso, deve apoiar a prática docente e o cumprimento do currículo. Essa é a função vinculada ao âmbito da organização e planejamento escolar. Portanto, a justificativa da existência da biblioteca em uma escola requer fundamentação nessa questão, função esta que deve desempenhar de forma sistematizada para toda escola.

1

Terreno educacional ou terra de fronteira?
situação atual da biblioteca escolar

TENSÕES E INCERTEZAS

O desenvolvimento da biblioteca escolar, assim como sua implementação, sofre nesse momento um processo desigual de aplicação. É verdade que, em vez de generalizar, precisamos reconhecer que existe um número considerável de bibliotecas escolares que são referências claras e mostras vivas de sua utilidade. Mas seria ilusão e ingenuidade ignorar as dificuldades genéricas que vêm afetando o conceito e a função da biblioteca escolar e, consequentemente, provocando certa indecisão nas políticas educacionais. Existem tensões e dificuldades que estão impedindo a implementação, de modo generalizado, da biblioteca escolar.

A situação da biblioteca escolar, nas diversas comunidades, parece não interessar às administrações educacionais – é esta a percepção. Apesar de haver projetos de estímulo à leitura, eles apresentam deficiências que acarretam decepção nas escolas, já que não resolvem de modo eficiente os diferentes problemas que o desenvolvimento da biblioteca escolar apresenta na realidade cotidiana. As horas de dedicação para a figura do coordenador da biblioteca é a questão que com mais frequência tem emergido – e com razão. Mas nem tudo pode se circunscrever a esse aspecto. A realidade é muito mais complexa. Há mais elementos que dificultam o avanço, são múltiplos e aparecem relacionados – uns mais visíveis que outros. Contudo, todos agem como polos magnetizados.

A tensão é inevitável, contínua e permanente. Essa situação consegue provocar apenas desânimo e impedir uma ação responsável nas escolas que permita impulsionar o desenvolvimento da biblioteca escolar. Deveríamos nos "imunizar" contra esse desânimo e caminhar desimpedidamente, a fim de por cada coisa em seu lugar, estabelecendo relações e determinando objetivos, finalidades e meios.

A biblioteca escolar precisa de ações de apoio contínuo para seu desenvolvimento efetivo nas escolas. Mas também requer uma conceituação clara que sirva como argumento para isso. Tanto as administrações quanto as comissões de professores devem levar em conta os elementos que formam a função educacional da biblioteca escolar para desenvolver as ações pertinentes que possibilitem avançar em seu desenvolvimento. Se não o fazem e se o conceito não fica claro, se sob o mesmo termo conceituam-se coisas diferentes, será impossível avançar. Avançaremos quando soubermos para onde caminhamos e por que o fazemos. Assim, deve-se ter em mente as incertezas e, ao mesmo tempo, as possibilidades. Como expõe Morin (1999)[*], "é preciso aprender a navegar em um oceano de incertezas por meio de arquipélagos de certeza". No âmbito da biblioteca escolar, necessitamos de certezas para argumentar sobre seu desenvolvimento e, a partir delas, enfrentar, com renovadas forças, os atuais desafios.

Dois são os aspectos que representam incerteza: o impulso real que as políticas educacionais estão conduzindo em prol da biblioteca escolar e a prática educacional existente nas escolas que se apresenta, majoritariamente, permeada de mudanças metodológicas. Estas são as duas realidades que afetam, para o bem ou para o mal, a biblioteca escolar de acordo com cada contexto, em todas as direções. Digamos que dependemos delas. Encontramo-nos em uma situação de encruzilhada entre duas frentes. Existem comunidades que dispõem de planos de bibliotecas escolares que permitem avançar em sua implementação, mas há outras que não. Nestas, a falta de diretrizes impede qualquer possibilidade de desenvolvimento. Atualmente, as políticas gerais são desiguais e teóricas. Já é muito que a biblioteca escolar esteja presente em disposições oficiais com um modelo definido, fundamentado em suas possibilidades pedagógicas como ferramenta e recurso. Porém, necessitamos mais.

---

[*] Documento eletrônico.

Tem-se claro que a biblioteca escolar deve vincular-se à prática da leitura e à competência informacional, já que esses conteúdos curriculares requerem e justificam o uso continuado da biblioteca. No entanto, falta avançar na sua implementação, especialmente com recursos financeiros no intuito de criar estruturas de apoio pessoal técnico e de formação específica dos professores. Além disso, quando iniciam-se projetos de inovação educacional nas escolas, oriundos do próprio corpo docente, a biblioteca é, de forma natural, necessária, utilizada e solicitada. Mas quando as práticas educacionais restrigem-se unicamente ao uso do livro didático ou das tecnologias digitais, a biblioteca é totalmente prescindível, visto que não pode, por si mesma, provocar as mudanças metodológicas pelas quais se anseia. Pode ajudá-las e favorecê-las, contudo, não depende unicamente dos recursos e dos meios de ensino, mas da vontade explícita dos professores para utilizá-la.

O salto da teoria à prática passa, indiscutivelmente, pela ação dos professores, que são os responsáveis pela implementação do uso educacional dos recursos e, em consequência, também da biblioteca escolar. As dificuldades às quais esse grupo (os professores) está sujeito são múltiplas e não podem ser generalizadas. É necessário analisar a situação real e diferenciar as diversas causas que provocam tensão e desânimo. Afinal, não basta apenas "querer" utilizar a biblioteca; às vezes, existem dificuldades que determinam um "não posso". Algumas delas são bastante comuns ao contexto escolar. É necessário valorizar a situação real da sala de aula: "os alunos já não são como os de antes", dizem muitos professores. O que mudou? Estamos diante dos denominados *nativos digitais*, a *geração Google* ou os *meninos multitarefas*. São variados os nomes que estão sendo utilizados nos últimos anos. A realidade determina que muitos meninos e meninas tenham sérias dificuldades de aprendizagem. No ensino médio, apresentam problemas de disciplina e comportamento, e a maioria nessa idade mostra falta de esforço e de interesse pelas atividades acadêmicas. No entanto, estamos diante de alunos que, embora hábeis no uso das tecnologias digitais, apresentam deficiências na utilização de conteúdos e na aplicação do pensamento crítico para selecioná-los. Diante de todas essas circunstâncias, a reação imediata dos professores é necessária. Dificuldades desse tipo têm de ser um estímulo para a busca de novas soluções didáticas e não um argumento para o desânimo e à indiferença por parte dos professores.

Outro aspecto do contexto que imobiliza a ação dos professores é a tensão provocada pelas questões que envolvem a organização escolar.

O tempo, a realização das atividades e os métodos utilizados para o ensino, tal como mesmo são desenvolvidos e utilizados agora, são três elementos que se chocam com as possibilidades de uso que a biblioteca escolar oferece como recurso educacional. Nesse sentido, estratégias metodológicas como os projetos de pesquisa exigem uma organização diferenciada do tempo escolar. É necessário dar tempo para pesquisar e trabalhar com a informação assim como para facilitar a prática da leitura em todos os níveis. Se existem tempos marcados e especificamente determinados, os espaços ou os contextos educacionais, como as bibliotecas escolares, podem mostrar sua utilidade.

Outra grande dificuldade organizacional é constatada na realização das atividades realizadas por áreas. Essa questão tenciona a possibilidade real de organizar programas articulados com e na biblioteca escolar ou programas interdisciplinares. Ao mesmo tempo, os livros didáticos apresentam-se, atualmente, como objetos que dominam plenamente o processo de ensino e aprendizagem. São utilizados como únicas ferramentas para desenvolver o currículo dificultando a necessidade de consultar recursos informativos variados.

É evidente que as dificuldades são reais, mas, às vezes, há professores que escondem-se sob essa avalanche de carências e desafios e mostram-se mais negativos que realistas, destrutivos que construtivos, individualistas que colaborativos. Assim, a alternativa passa por apelar à vocação profissional dos professores, visto que a inovação educacional nasce da própria convicção e não das grandes teorias. É necessário aplicar, na escola, estratégias metodológicas que sejam úteis para que nossos alunos, tal como são agora, aprendam de maneira significativa – e essas mudanças estão nas mãos dos professores. É necessário crer nessa possibilidade.

Essas incertezas devem ser abordadas e é preciso, também, aprender a conviver com elas. Mas onde estão os arquipélagos de certeza? Alguma vez nos perguntamos quais são as causas que afetam diretamente as dificuldades descritas? Por que não se desenvolve uma ação mais decidida por parte da administração ou um maior uso da biblioteca escolar por parte dos professores?

A análise dessa situação deve ser profunda e considerar múltiplos aspectos. Os professores terão de mergulhar no oceano do sistema educacional e buscar os benefícios que a biblioteca escolar realmente traz para o desenvolvimento dos projetos curricular e educacional da escola. Perguntamos: está realmente claro o conceito de biblioteca escolar? O seu porquê e para quê? Ninguém negará o benefício que uma biblioteca gerará dentro de uma escola e, em nível teórico, não existem argumentos contrários. Mas, na realidade, quem acredita em sua utilidade? Se propusermos uma análise, poderemos encontrar dois elementos que afetam a questão de forma direta: o impacto da presença das tecnologias digitais na escola e a existência de discursos divergentes em torno da conceituação da biblioteca escolar.

ASPECTOS QUE DIFICULTAM O DESENVOLVIMENTO DA BIBLIOTECA ESCOLAR

O impacto que a presença das tecnologias digitais ocasionou nas escolas afetou o conceito de biblioteca escolar como centro de recursos. O novo contexto social, protagonizado pela cultura digital, está provocando dúvidas e tensões em seu desenvolvimento. Achamos que muitos professores preferem utilizar computadores à biblioteca. E o que fazemos com a biblioteca escolar enquanto centro de recursos? Elas deixam de ser úteis diante desse novo contexto?

Muitos são os benefícios que as novas tecnologias apresentam e é inquestionável o avanço que a cultura digital proporcionou ao mundo. As novas tecnologias envolvem e acompanham nosso dia a dia, e mudam, sem que percebamos, hábitos e maneiras de ser. Mas, na atualidade, não é preciso desfrutar apenas das novas tecnologias, como também avançar no conhecimento e na compreensão das mudanças sociais que elas causam e que influenciam, invisivelmente, os cidadãos e nossos alunos.

As ações e os processos que as tecnologias digitais facilitam são muitos, mas duas são as caras da moeda. Deve-se levar em consideração as dificuldades que envolvem a questão. Alguém se pergunta o que a tecnologia digital não facilita? O que ela está impedindo que se realize? O que deixamos de fazer que antes fazíamos? Quais as experiências de vida que temos? Corremos o risco e o perigo de deixar de experimentar? Definitivamente, que poder conferimos aos meios tecnológicos? Enfim, nesse contexto, é atual a célebre frase de Mcluhan (2009) – "o meio é a mensagem" –, que descrevia nos anos 1960 a realidade social provocada pelos *massmedia*. Afinal, evidencia-se também, atualmente, a necessidade de apelar ao esclarecimento e não se confundir. Os meios não são mensagem, conteúdo ou finalidade em si mesmos.

Postman (1994), em seu livro *Tecnópoli*, já indicava que toda mudança tecnológica leva, implicitamente, a uma mudança cultural. Seria equivocado supor que toda invenção tecnológica tenha apenas um único efeito unilateral. Toda tecnologia é, ao mesmo tempo, uma benção e uma maldição. As tecnologias novas mudam o significado de *conhecimento* e *verdade*, modificam os hábitos de pensamento profundamente arraigados que dão a uma cultura o sentido de como é o mundo, qual vem a ser a ordem das coisas, do que é razoável, inevitável e real.

Necessita-se insistir com maior veemência na finalidade da educação e colocar os meios no lugar que lhes diz respeito. No setor educacional, as TICs apresentam-se como recurso imprescindível em um discurso que, às vezes, parece ignorar ou descuidar o porquê e o para que da educação e o como as crianças e os jovens realmente aprendem. A aprendizagem ocorre ao utilizar linguagem e pensamento, desprendendo estratégias cognitivas e, fundamentalmente, graças à mediação do professor.

São poucas as críticas que as tecnologias digitais recebem neste momento. Enche-se as escolas de computadores e as salas de aula são equipadas com monitores e conexão *wi-fi*. Quem terá a ousadia de levantar a voz para essas tecnologias? As TICs apresentam-se como ferramentas facilitadoras da aprendizagem e, desde esse prisma, aborda-se sua implementação, contudo, não deve ser esquecido que, nas escolas, reina a desorientação. Surgem pautas, orientações e formações para que os professores possam abordar de modo exitoso essas ferramentas, utilizando-as em suas práticas educacionais. Diante desse contexto e dessas circunstâncias, o que fazemos com a biblioteca escolar?

A realidade social é desconcertante, porque a cada dia são maiores os sinais sociais e políticos que determinam a entrada em uma época de confusões e incertezas. A despeito de esclarecer os porquês e o para que das coisas, vivemos envoltos em um turbilhão de atividades e diretrizes as quais sobrecarregam mais que ajudam o professor em sua prática educacional. No caso da biblioteca escolar, precisamos esclarecer sua razão e seu objetivo, ambos a serviço da finalidade da educação. Os chamados *nativos digitais*, evidentemente, necessitam trabalhar com ferramentas digitais. Além disso, necessitam, também, avançar em estruturas cognitivas, na competência leitora e no pensamento reflexivo, caso contrário, não iremos a lugar nenhum.

O segundo aspecto que afeta bastante o desenvolvimento da biblioteca escolar não é, em princípio, reconhecido explicitamente; ele está presente de maneira contínua nos diversos fóruns e eventos que reúnem especialistas e profissionais do tema. A análise da situação nos leva a pensar que, ao longo das últimas décadas, o conceito e o modelo de biblioteca escolar cresceram em "terra de fronteira", entre o âmbito educacional e o bibliotecário, prejudicando sua implementação por utilizarem discursos divergentes. Cabe considerar que são muitos os esforços e as ações que, a partir de diferentes contextos, foram conduzidas para o desenvolvimento da biblioteca escolar na última década. Diversos setores da organização pública, como associações vinculadas ao mundo educacional e bibliotecário, trabalharam para estabelecer pautas e modelos que favorecessem e impulsionassem esse desenvolvimento. Todas as iniciativas realizadas de modo independente merecem grande consideração, já que nascem da vontade explícita de melhorar uma situação precária e de ajudar a impulsionar a existência de bibliotecas nas escolas como verdadeiros centros de recursos a serviço do ensino e da aprendizagem. Embora diversas, as iniciativas deverão convergir. O que, à primeira vista, poderia ser fácil de abordar por estar bem definido e conceituado, é difícil de implementar devido às divergências de discurso. O caminho que nasceu útil, sutilmente bifurca-se, tendo em vista que o conceito da biblioteca escolar é visto a partir de contextos diferenciados: a organização do ensino e o sistema bibliotecário. Essa situação oprime e provoca confusão e desorientação nos agentes envolvidos – professores e bibliotecários.

Ninguém se atreve a contradizer a asserção que diz que a biblioteca escolar deve conceituar-se como um recurso educacional, porque é uma evidência que argumenta seu desenvolvimento. Contudo, se examinarmos a fundo os discursos referentes à biblioteca escolar elaborados pelas áreas educacional e bibliotecária, as mesmas palavras apresentarão significados ou leituras sutilmente distintas, as quais, analisadas em profundidade, entram em contradição.

No âmbito bibliotecário – e as *Diretrizes para a Biblioteca Escolar* da IFLA/Unesco (2002) é um exemplo claro e representativo disso – desenvolvem-se iniciativas e ações que apontam um modelo de biblioteca escolar concebido como serviço bibliotecário, cuja vinculação com a prática educacional passa, necessariamente, por um processo de integração. Assim, as críticas ou reclamações realizadas pela situação deslocada que a biblioteca apresenta estão dirigidas ao sistema escolar por causa da incapacidade de gerir essa integração que a biblioteca merece. Não se vê a questão pensando que ainda é o modelo o que não se encaixa. Nesse modelo bibliotecário, a gestão dos recursos e a elaboração de serviços e programas para seu uso fundamentam a existência da biblioteca. Ao mesmo tempo, a integração curricular requerida para poder justificá-la se vincula à necessidade de que a equipe docente colabore no desenvolvimento das ações da biblioteca. Por sua vez, o bibliotecário escolar apresenta-se como o único agente especialista em sua função (o bibliotecário documentalista profissional) e, na escola, é responsável, consequentemente, pela formação dos alunos nessas questões. A esse profissional é dada a função de elaborar programas formativos próprios, realizados a partir de seu setor.

De maneira paralela, do setor educacional e da administração em diversas instâncias – ministério e administração autônoma e associações de professores –, apresenta-se o modelo claro e definido de biblioteca escolar fundamentado em suas possibilidades pedagógicas como recurso de grande utilidade. Nesse sentido, na Espanha, políticas específicas, em prol do desenvolvimento da biblioteca escolar, estão chegando à prática – exemplos claros que mostram de que forma, apesar da existência de certas deficiências, é possível avançar proporcionando estabilidade à sua implementação. Essas políticas e a criação de estruturas físicas para o seu desenvolvimento, juntamente com equipes de profissionais que dão apoio às escolas – a partir de serviços centrais educacionais ou de centros de professores, de maneira mais próxima – são o que permite definir com firmeza os agentes responsáveis por sua implementação, suas funções e suas competências.

ENFOQUE CURRICULAR PARA A IMPLEMENTAÇÃO DA BIBLIOTECA ESCOLAR

A biblioteca escolar é reconhecida, a partir desse contexto, como um recurso educacional de grande valor que deve, ela e seu uso, estar integrado em um projeto curricular e educacional da escola, convertendo-se em elemento ativo que favoreça os processos de ensino e aprendizagem e que apoie o trabalho docente. Em consequência, contempla-se a necessidade de desenvolver ações bibliotecárias de organização e de gestão dos recursos. Tudo isso, para poder dispor de uma estrutura organizacional estável que garanta um contexto adequado para nele realizar uma ação educacional.

Todas as ações da biblioteca – deverão ser concebidas e, por sua vez, essas ações são necessárias como bases que garantam a estabilidade da função de apoio que a biblioteca assume – como uma necessidade derivada do seu uso enquanto recurso educacional. Esta apoia e facilita, de forma geral, o desenvolvimento do projeto da escola e, de forma real, o desenvolvimento de conteúdos curriculares das diferentes áreas. O responsável pela biblioteca é um profissional que colabora com os professores, apresentando-se como um especialista e um referencial a recorrer para as questões relacionadas aos conteúdos curriculares da leitura, da formação literária e da competência informacional.

Ao mesmo tempo, nesse modelo, percebe-se a biblioteca escolar como um agente de atenção e apoio às desigualdades e de compensação social. A biblioteca pode oferecer a todos os alunos da escola a possibilidade de acesso igualitário à informação, à educação e à cultura. Nesse sentido, a abertura da biblioteca fora do horário escolar e as ações de envolvimento das famílias no incentivo à leitura são valores relevantes os quais devem estar envolvidos em um serviço bibliotecário inserido em uma estrutura organizada.

Cabe destacar que a importância concedida às bibliotecas escolares por parte da administração educacional está refletida na LOE (Lei Orgânica da Educação), que apresenta, de modo claro, a preocupação que os poderes públicos devem prestar ao incentivo da leitura e ao uso das bibliotecas escolares como fatores que favorecem a qualidade do ensino. A prática da leitura e a aprendizagem da competência informacional são entendidas como conteúdos educacionais essenciais que requerem e legitimam o uso continuado da biblioteca. O Artigo 113 da LOE menciona expressamente que as bibliotecas escolares contribuirão para incentivar a leitura e que os alunos acessem a informação e outros recursos para a aprendizagem de todas as matérias e possam formar-se através do uso crítico desses materiais. Além disso, o mesmo artigo diz que a organização das bibliotecas escolares deverá permitir que elas funcionem como um espaço aberto à comunidade educacional das respectivas escolas

O Ministério de Educação e Ciência da Espanha colocou em funcionamento, no ano de 2005, um programa dirigido às administrações educacionais das comunidades autônomas para a melhoria das bibliotecas escolares. Esse programa significou importantes investimentos financeiros e propiciou que as comunidades autônomas também contribuíssem para esta finalidade em quantidades financeiras similares. Por outro lado, a LOE versa, nos artigos 89 e 90, sobre a possibilidade de o Ministério de Educação e Ciência estabelecer prêmios e concursos de caráter oficial destinados às escolas a fim de reconhecer e premiar o trabalho didático ou o trabalho de pesquisa de professores e equipes docentes na questão. Nesse sentido, o Ministério de Educação convoca um concurso nacional de boas práticas à dinamização e à inovação das bibliotecas escolares.

São prioritárias e nucleares todas as ações encaminhadas para desenvolver e impulsionar o uso – por parte dos professores – da biblioteca como contexto de aprendizagem e leitura. Essa função é claramente competência da administração educacional, afinal, está vinculada aos elementos que configuram a organização dos processos de ensino-aprendizagem. Essa administração pode dispor de profissionais preparados para tal função, desde que sejam formados para isso. A biblioteca escolar deverá ser um recurso educacional maior do que um recurso bibliotecário para a prática educacional e, especialmente agora, no ensino e na aprendizagem das competências básicas que o novo marco curricular propõe.

É urgente, para um amplo e mútuo entendimento, estabelecer relação de colaboração com a área bibliotecária para trabalhar na construção de um discurso comum vinculado à necessidade real de incluir o funcionamento da biblioteca escolar como recurso, e não como serviço. O âmbito bibliotecário pode e deve fazer uma grande contribuição ao setor educacional para auxiliar nos aspectos relacionados à gestão dos recursos e à implementação de serviços na biblioteca escolar. Contudo, sempre em função das necessidades que os responsáveis pelos programas de apoio e desenvolvimento de bibliotecas escolares determinam. Deve-se avançar nessa direção.

A administração educacional, por sua vez, deveria fortalecer mais suas ações para auxiliar as escolas, visto que, atualmente, as políticas de cada uma das comunidades autônomas não são homogêneas; e ações que assegurem mais estabilidade a esse impulso já iniciado são necessárias, porque a necessidade é que a biblioteca escolar não seja vista "em terra de fronteira", vulnerável e submetida a diversas considerações, mas sim que possa estabelecer-se de forma clara e definida em um terreno sólido.

Devemos trabalhar para conseguir que a intersecção das ações que os distintos âmbitos – educacional e bibliotecário – realizam na biblioteca não trabalhem em detrimento de seu desenvolvimento, mas, antes, a favor de seu crescimento. Todas contribuições devem ser bem recebidas sempre que auxiliem o fortalecimento dessa visão, incentivando e somando esforços para que essa "semente" plantada no terreno educacional frutifique. Para isso, requer-se um *corpus* teórico fundamentado na pedagogia e um *corpus* prático fundamentado na experiência, construído pelas continuadas ações que estão sendo realizadas, atualmente, com êxito como boas práticas em determinadas bibliotecas escolares. Esse é um *corpus* de conhecimento que deve ser compartilhado e que deverá merecer nossa atenção, afinal, nele podem ser encontradas as melhores diretrizes para o uso pedagógico da biblioteca escolar, fruto da prática e da experimentação.

2

Conceito e função da biblioteca escolar

modelo de implementação como recurso educacional útil

JUSTIFICATIVA E SENTIDO DA BIBLIOTECA ESCOLAR

Além de mostrar e ressaltar os aspectos que permitem definir a biblioteca escolar como um recurso educacional de grande valor pedagógico, é necessário argumentar sobre a necessidade de impulsionar seu desenvolvimento a partir de um modelo útil de implementação. Precisamos esclarecer o porquê e o para que da biblioteca escolar a serviço da educação. Atualmente, é necessário o surgimento da possibilidade de uma visão mais nítida de seu sentido, colaborando para renovar a justificativa de sua existência. A verificação dos elementos relevantes permitirá organizar uma base teórica que dê consistência e fortaleça sua implementação. Porque se não renovamos o discurso que justifica a biblioteca escolar, e se não fazemos isso no que se refere às novas necessidades e aos novos conceitos atuais, muito em breve o sistema escolar deixará de precisar dela.

A reflexão permitirá esclarecer sua conceituação não apenas à luz das mudanças sociais que a cultura digital provocou no uso da informação e das práticas leitoras, como também a partir das necessidades reais geradas nas escolas. Porque é aqui onde o enfoque competencial do currículo e a nova situação de sala de aula demandam a reformulação de aspectos metodológicos nos processos de ensino e de aprendizagem. Não é questão de inventar uma nova biblioteca escolar – o conceito e o modelo que temos desenvolvido há muitos anos é válido, mas é necessário voltar a falar disso com firmeza e clareza para assegurar que esse desenvolvimento se dê de forma estável. O problema real da biblioteca escolar é sua implementação, a passagem de um modelo para estruturas sólidas. Para isso, em quais aspectos devemos nos focar mais? Onde devemos nos fixar mais a fim de permitir a articulação dos elementos para integrar esse recurso à prática educacional?

A biblioteca escolar é um recurso facilitador de processos de ensino e de aprendizagem. Nesse sentido, relaciona-se e vincula-se com a implementação das novas tecnologias nas escolas. As duas realidades se posicionam no sistema escolar como meios de ensino.

No entanto, a biblioteca escolar é mais que um recurso, já que também gera possibilidades contínuas de apoio ao trabalho do professor e de coordenação educacional para o desenvolvimento curricular. Dessa forma, o que justifica a existência da biblioteca escolar não é a biblioteca em si como estrutura organizacional estável que proporciona serviços bibliotecários, mas seu uso como recurso educacional facilitador do desenvolvimento de processos de ensino-aprendizagem e de práticas de leitura, e, consequentemente, sua conceituação como agente pedagógico que apoia, de forma estável, o desenvolvimento do projeto curricular da escola. Por isso, é preciso estabelecer um modelo de implementação próprio, diferenciado de outras instâncias bibliotecárias, já que a realidade à qual a biblioteca escolar está exposta é diferente da que podemos encontrar no desenvolvimento de uma biblioteca pública ou universitária.

Não se trata unicamente de implementar uma biblioteca em um contexto escolar, mas da ideia de que o conceito de biblioteca enquanto centro de recursos é, neste caso, orientado pelo processo educacional. O ponto central não pode ser os serviços bibliotecários que exploram os recursos, mas as possibilidades didáticas que o uso desses materiais pode gerar. A implementação da biblioteca escolar passa por iniciar um processo de trabalho na escola que represente sua consolidação paulatina como recurso educacional, ativando sua utilidade. É preciso conduzir estratégias reais que permitam que a biblioteca seja transparente nas atividades da escola, mas ao mesmo tempo influente nos processos de ensino e de aprendizagem. Esse trabalho representa um apoio pedagógico que deve ser realizado com a finalidade de proporcionar elementos de melhora no ensino.

Por essa razão, não podemos circunscrever as ações da biblioteca apenas a suas organização e dinamização internas – como é o caso da biblioteca pública. O modelo próprio que define a biblioteca escolar determina outro enfoque e requer, para ser implementado, outros âmbitos de ação. Por um lado, é preciso abordar a gestão dela, de suas instalações e de seus equipamentos, mas especialmente de seus recursos e serviços. É importante garantir uma estrutura organizacional estável que facilite a criação de um contexto presencial propício para a aprendizagem e para a leitura. Por sua vez, esse contexto forma um lugar de encontro e relação pessoal dentro da comunidade com grande valor educacional. Mas esse trabalho deve ser realizado levando-se em consideração que a biblioteca não é uma instituição diferenciada, e sim parte da instituição escolar. Portanto, a gestão também deve incluir elementos derivados da coordenação da biblioteca com outros âmbitos internos escolares.

A segunda ação diz respeito à coordenação e à promoção do uso pedagógico da biblioteca, que representa um trabalho não de dinamização, mas de participação no sistema escolar. A finalidade é mobilizar o uso e assegurar a utilidade. Não é que a biblioteca deva ser integrada, mas participar; não reconhecida, mas simplesmente, considerada com uma função clara e definida. Por isso, devemos estabelecer outro olhar e não tratar a questão a partir da biblioteca, mas a partir do sistema. É necessário considerar o âmbito de ação de coordenação e promoção como um conjunto de tarefas de apoio pedagógico e propor sua realização a partir dessa perspectiva, e dentro do âmbito da organização e do planejamento escolar.

Esses âmbitos de ação descritos representam duas dimensões da biblioteca escolar que possibilitam ver e materializar suas funções básicas e as diversas contribuições que ela traz para o desenvolvimento do projeto curricular e educacional da escola. Trata-se da dimensão física e da dimensão educacional (Quadros 2.1 e 2.2). A primeira facilita e favorece a realização de atividades reais vinculadas a trabalhos de pesquisa e a intervenções da leitura. E a segunda, graças ao recurso humano de que dispomos, conduz um trabalho de apoio pedagógico interdisciplinar no âmbito da organização e do planejamento escolar.

Quadro 2.1 Tarefas e ações necessárias ao desenvolvimento da biblioteca escolar como estrutura organizada estável que possibilite um ambiente de aprendizagem e leitura

---

AÇÕES DE GESTÃO E ORGANIZAÇÃO – *DIMENSÃO FÍSICA*

Conjunto de tarefas técnicas realizadas para assegurar uma estrutura organizada estável e um contexto presencial adequado para a aprendizagem e a leitura.

A biblioteca deve garantir a disponibilidade de recursos informativos e literários úteis para a comunidade educacional, administrando sua seleção para facilitar sua melhor utilização e o uso compartilhado.

- Desenvolver um plano de gestão do acervo que determine os processos de seleção, aquisição, conservação e oferecimento dos recursos para permitir sua disponibilidade tanto na biblioteca quanto em sala de aula.
- Desenvolver ferramentas de busca e recuperação que permitam facilmente acessar os documentos da biblioteca (catálogo e seções).
- Informatizar o sistema de empréstimos.
- Organizar e manter em bom estado as instalações e os equipamentos.
- Promover o uso dos recursos e dos materiais da biblioteca por meio de ações de divulgação.
- Estabelecer canais de comunicação estáveis que permitam as ações de divulgação.
- Criar e desenvolver uma página na *web* da biblioteca atrelando-a à página da escola.
- Manter a biblioteca aberta tanto em horário letivo quanto no não letivo.
- Estabelecer e manter comunicação com bibliotecas públicas e com organismos e instituições culturais próximas à escola.

CONTEXTO PRESENCIAL DE APRENDIZAGEM E DE LEITURA

A biblioteca escolar como recurso físico facilita a realização dos processos de ensino-aprendizagem e as ações de promoção da leitura realizadas na escola. Essa é a sua principal função. Nesse sentido, apresenta-se como um contexto de aprendizagem e leitura com recursos específicos.

A biblioteca posiciona-se dentro da escola como um ambiente de aprendizagem de grande valor pedagógico, já que dispõe de três componentes específicos diferenciadores: instalações e equipamentos diferentes dos existentes em sala de aula, materiais de qualidade em variados suportes e pessoal de apoio que facilita os processos, dispensando materiais.

Por isso, a questão essencial não é conceituar a biblioteca escolar como um centro de recursos a serviço da aprendizagem, mas sim como um contexto de aprendizagem onde, graças à interação com determinados recursos, processos de ensino e aprendizagem e práticas de leitura são facilitados. A tônica deve ser posta na utilização da biblioteca como meio de ensino e não como serviço bibliotecário gerado por um centro de recursos.

Biblioteca escolar hoje **27**

Quadro 2.2 Tarefas e ações necessárias ao desenvolvimento da biblioteca escolar como recurso educacional e agente interdisciplinar de apoio pedagógico

AÇÕES DE APOIO VINCULADAS À PRÁTICA EDUCACIONAL (serviços, atividades ou programas) – *DIMENSÃO EDUCACIONAL*

A biblioteca escolar é um agente interdisciplinar, catalisador de demandas educacionais que exigem o uso de materiais específicos vinculados a trabalhos de pesquisa e a atividades de leitura e escrita.

1. Ações de apoio para toda escola (localizadas em um contexto específico ou que se referem a uma necessidade da escola)

Apoio a projetos pontuais realizados na escola.
- Facilitar os materiais e os recursos necessários para a realização das atividades dos projetos.
- Desenvolver ações em determinados aspectos dos projetos colaborando para sua difusão e dinamização.

Dinamização cultural aproximando escola e sociedade.
- Desenvolver atividades culturais ao longo do ano escolar em função de efemérides locais ou nacionais.
- Promover e difundir atividades culturais do contexto social no qual a escola está inserida.

Função social como espaço aberto à comunidade educacional.
- Desenvolver ações de atendimento às desigualdades entre os alunos e a necessidades educacionais especiais.
- Desenvolver ações e atividades de envolvimento das famílias na promoção da leitura.

2. Ações de apoio ao trabalho de sala de aula (localizadas dentro de uma atividade específica, dentro de uma sequência formativa determinada e em uma programação).

Apoio ao trabalho da área ou de sala de aula.
- Desenvolver ações e atividades de apoio às solicitações dos professores em relação a trabalhos de pesquisa ou resolução de problemas de pequena ou grande magnitude.
- Facilitar as atividades de reforço educativo e de adaptações curriculares para o atendimento dos alunos com problemas de aprendizagem.
- Desenvolver na biblioteca local de autoaprendizagem das diferentes matérias.

Apoio na aprendizagem de habilidades para pesquisar e informar-se.
- Desenvolver ações de apoio referentes ao acesso e a melhor utilização dos distintos tipos de materiais, na formação básica de usuários da biblioteca.
- Desenvolver ações de apoio na aplicação das etapas de trabalho intelectual para a realização de trabalhos ou projetos de pesquisa em uma matéria ou interdisciplinares.

Apoio no desenvolvimento de atividades de leitura e escrita.
- Oferecimento de recursos bibliográficos (material ou digital) para o uso dos diferentes tipos de textos.
- Oferecimento de leituras literárias para a formação e experiência literárias.

É necessário realizar uma mudança de concepção e verificar o potencial educacional da biblioteca escolar não unicamente como centro agregador de múltiplos recursos, mas como contexto catalisador de demandas educacionais. Tais demandas, oriundas da sala de aula, referem-se a situações reais de aprendizagem para as quais a biblioteca pode dar suporte de forma eficaz, pois requerem o uso de materiais específicos. Sem recursos não é possível facilitar esse apoio, mas também não podemos considerar que a existência dos recursos já justifique a implementação da biblioteca escolar em uma escola. A questão é determinar a finalidade dos recursos e da estrutura organizacional estável que os sustenta. Por que é necessário dispor de um contexto aglutinador e distribuidor de conhecimento na escola?

É preciso reconhecer que a função como centro de recursos é chave para que a biblioteca escolar seja vista como útil. Por isso, deve-se focar na relevância e na qualidade dos conteúdos de que a biblioteca dispõe para poder oferecer os materiais mais idôneos e significativos para as tarefas de pesquisa e de leitura. Nesse aspecto, o trabalho do coordenador da biblioteca é de vital importância para seu funcionamento, uma vez que ele se encarrega, de forma direta, da aplicação dos critérios de seleção e de gestão de materiais e da disponibilização destes seja na biblioteca, seja nas salas de aula. Esses são serviços de grande importância para a comunidade educacional.

A biblioteca escolar como contexto de aprendizagem e leitura está em posição de favorecer a realização de processos de ensino e de aprendizagem, especialmente por meio do uso dos materiais de que dispõe, mas também pelo valor que possui como contexto presencial que facilita determinadas interações comunicativas entre o professor e o grupo e, sobretudo, entre alunos, nos trabalhos de pesquisa (Quadro 2.3).

Sua consideração física é relevante para a prática educacional, já que permite uma variada gama de possibilidades para a agrupação dos alunos. Verificamos uma distribuição por zonas específicas, mesas que permitem o trabalho em grupo, seções diferenciadas de materiais, pontos de leitura individual ou coletiva, uso de computadores e projetores para realizar as apresentações de apoio nas exposições. Tudo isso pode facilitar a realização de situações de aprendizagem que requeiram a imprescindível presença de determinados recursos e que favoreçam a interação comunicativa por meio da leitura ou do diálogo presencial. Porque quando os processos de ensino e de aprendizagem são pensados por uma perspectiva que entende que o que os sustenta é a comunicação – e, portanto, são projetados como processos comunicacionais –, o uso dos meios de ensino resulta de grande utilidade e é vinculado, exclusivamente, a uma função mediadora.

Quadro 2.3 Descrição dos elementos relevantes que fazem com que a biblioteca escolar apresente-se como um contexto de aprendizagem e leitura na escola

CARACTERÍSTICAS COMO CONTEXTO PRESENCIAL DE APRENDIZAGEM E LEITURA
Contexto que favorece a realização de situações de aprendizagem que necessitam de interação com recursos, por meio da leitura ou do diálogo presencial.   Contexto que permite diferentes possibilidades de agrupação dos alunos em zonas de trabalho específicas (trabalho em grupo, em duplas ou individual).
• Dispõe de materiais informativos e literários organizados tematicamente.   • Dispõe de materiais de leitura e de entretenimento.   • Dispõe de um catálogo para a localização dos materiais.   • Dispõe de marcadores e indicadores internos para facilitar o acesso a materiais.   • Dispõe de expositores para a promoção de recursos específicos.   • Dispõe de pontos de leitura individual.   • Dispõe de espaço para leitura coletiva.   • Dispõe de mesas de trabalho individual ou em grupo.   • Dispõe de computadores para consultas a internet ou trabalhos via programas específicos.   • Dispõe de equipamento para projeção de audiovisuais ou para realização de apresentações de apoio às exposições dos trabalhos de pesquisa.

Assim, não podemos argumentar o uso desses recursos ou meios sem atender a essa consideração que forma o núcleo da ação educacional. Deve-se centrar a questão a partir do processo graças ao qual se produz a aprendizagem. Ela é concebida como uma construção pessoal mediada, e o processo de ensino-aprendizagem, como um processo no qual se realiza uma construção conjunta de significados guiada pelo professor que faz uma intervenção educativa.

Porque a vida em sala de aula representa um cenário comunicativo onde se fala e se escuta, onde se lê e se escreve, onde se faz e se diz. Porque sem comunicação não há educação. As possibilidades de aprendizagem se dão a partir da mediação da linguagem, da palavra, utilizando artefatos culturais múltiplos e variados.

Porque as teorias socioculturais da aprendizagem determinam que a linguagem seja o veículo cultural da aprendizagem por excelência. O homem constrói seu conhecimento por meio de um diálogo contínuo com outros indivíduos – presencialmente ou por meio da cultura escrita.

Nesse sentido, contribuições da psicologia – como as de Vigotsky – ou do campo da pedagogia – como as de Freire – fornecem elementos para tornar o diálogo e a interação comunicativa a chave da educação no intuito de criar contextos adequados pelos quais haja desenvolvimento de aprendizagem e, por fim, de alcançar maiores níveis de igualdade social entre os alunos durante as aulas (Aubert, 2008). Esse aspecto é de grande importância porque o contexto no qual os processos de ensino-aprendizagem acontecem tem grande influência nos alunos no que se refere a suas atitudes diante da aprendizagem e seus resultados finais. Para tudo isso, a biblioteca escolar é útil, pois permite e facilita o desenvolvimento de atividades ou de tarefas pelas quais as crianças e os jovens podem aprender em uma ou em diversas situações de interação comunicativa. Essas situações podem ser de dois tipos: os trabalhos de pesquisa e as atividades de leitura. Isso tudo possibilita a interação da leitura com os conteúdos de materiais diversos – tradicionais ou digitais – e, ao mesmo tempo, permite a interação e o diálogo aluno-professor (individual ou coletivamente) e entre colegas de aula na construção de trabalhos colaborativos ou nas exposições do conhecimento elaborado.

A biblioteca escolar representa um contexto de aprendizagem em que os alunos podem treinar, ao longo de sua escolarização, práticas de habilidades intelectuais e de leitura de acordo com objetivos distintos e finalidades diversas utilizando os múltiplos materiais que a biblioteca oferece. Logo, a biblioteca escolar se desenvolve como um contexto facilitador de um treinamento intelectual e emocional imprescindível que permitirá iniciar e fomentar nos alunos recursos básicos para seu desenvolvimento pessoal e social.

A serviço da aprendizagem pela pesquisa, a biblioteca transforma-se em um laboratório em que a experimentação se faz por intermédio da interação com materiais na gestão da informação em todas as suas fases – acesso, tratamento e comunicação. Entretanto, de maneira especial, facilitam-se situações de aprendizagem que requeiram o uso de tecnologias diversas para a realização de buscas de informação.

Ao mesmo tempo, visualizada como um espaço diferenciado dentro da escola, a biblioteca é facilitadora da criação de ambientes pessoais e coletivos de leitores que permitem experiências de leitura significativas no âmbito emocional. Contextos em que a experiência literária possibilita um descobrimento da dimensão poética da vida e um conhecimento singular do mundo por meio dos relatos.

Sem leitura, não há biblioteca e, ao mesmo tempo, esta sustenta o valor que tem a atividade leitora como prática social e como experiência de vida pessoal, que abre as portas para o conhecimento e para a compreensão do mundo, tanto em sua dimensão histórica e científica quanto no aspecto humano.

O USO DA BIBLIOTECA ESCOLAR COMO RECURSO EDUCACIONAL

A possibilidade que a biblioteca escolar tem de favorecer o desenvolvimento de habilidades intelectuais ou de pensamento e de práticas leitoras e comunicativas fundamenta seu uso como recurso educacional constitutivo da educação. Nesse sentido, é preciso se perguntar como deve ser utilizada a biblioteca escolar e como deveríamos promover seu uso. Essa questão se desenvolveu de maneira generalizada pensando que a biblioteca escolar exercia a sua função de apoio à aprendizagem, de forma direta aos alunos. Estes tem sido valorizados – aplicando-se o modelo de biblioteca pública à biblioteca escolar – como usuários da biblioteca a quem devemos atender e propor serviços bibliotecários.

Evidentemente, a biblioteca escolar pode e deve ser utilizada pelos estudantes de forma autônoma sempre que quiserem e puderem dentro e fora do horário escolar. Isso deve ser facilitado, bem como a promoção de seu uso por parte das famílias, no caso das escolas de educação infantil e fundamental. Da biblioteca, pode-se conduzir um interessante trabalho de apoio à promoção da leitura nos lares e, também, um projeto estruturado de atenção às necessidades especiais e à compensação de desigualdades educacionais.

Essas ações são de grande importância e representam uma linha de ação com referência à função social que a biblioteca escolar pode desempenhar na comunidade educacional. Também tem valor porque implicam vinculação com seu contexto imediato. Mas, esse aspecto não deve conduzir à confusão. Tais ações fazem parte do projeto educacional da escola, mas não podem ser as únicas ações que a biblioteca realiza, já que, fundamentalmente, ela deve apoiar o desenvolvimento do projeto curricular da escola. Esse aspecto é o que realmente justifica sua existência.

A biblioteca escolar desenvolve uma função de apoio direto aos processos de ensino e aprendizagem e, consequentemente, o que a enche de sentido é que ela seja utilizada pelos alunos com seu professor. O uso da biblioteca escolar realiza-se como uma consequência natural de uma vontade explícita do professor – este considera tal possibilidade como uma estratégia didática que deve ser aplicada em situações específicas de sua prática. É o professor quem provoca os alunos a utilizar a biblioteca, porque o fundamental não é que ela seja frequentada pelos alunos, mas que esse uso seja realmente significativo. Uma coisa pode levar à outra, mas nem sempre é assim. Tudo depende de onde se localiza o eixo para articular os elementos que se pretende implantar.

Não é a mesma coisa organizar e incentivar o uso da biblioteca escolar a partir dela mesma propondo atividades reais no horário letivo e buscando a colaboração dos professores do que fazê-lo como demanda à necessidade surgida da prática docente. É por isso que, se a partir da biblioteca deve-se realizar alguma ação em nível curricular, esta deve ser melhor planejada, não como uma promoção de seu uso, mas como apoio pedagógico ao trabalho docente. É necessário dar pautas e orientações nesse uso em relação às demandas educacionais específicas.

É correto que a biblioteca possa articular atividades, ações e serviços para toda a escola. As iniciativas também podem vir da biblioteca, desde que estejam sempre localizadas em um contexto específico ou respondam a uma necessidade da escola.

Cabe destacar que a questão do uso da biblioteca escolar e seus materiais deve ser determinada por uma necessidade surgida na sala de aula. Deve estar localizada dentro de uma atividade específica que vincule-se a uma sequência formativa determinada e a uma programação. Assim, o uso da biblioteca deve estar contextualizado e as atividades deverão responder a intervenções didáticas dentro de um projeto. Essas atividades não devem ser ações surgidas de um projeto de biblioteca que devamos integrar em um projeto curricular da escola ou em uma programação específica da aula; elas devem fazer parte do desenvolvimento curricular do ambiente educacional e da vida cotidiana da sala de aula (Quadro 2.4).

O uso da biblioteca escolar está situado dentro da organização e do planejamento educacional como recurso que facilita a aplicação de determinadas estratégias metodológicas requeridas em situações de aprendizagem que demandam uma interação com recursos e materiais. Para isso, a biblioteca e os diferentes meios de ensino existentes são de grande utilidade. É evidente que a função de recurso facilitador de aprendizagem não é exclusiva da biblioteca escolar. Seria ingenuidade pensar o contrário. Mas, tampouco é exclusiva das TICs ou da internet. Tratam-se de recursos totalmente complementares porque compreendem elementos diferenciadores. Existe um diferencial relevante que deve ser considerado e que argumenta o valor da biblioteca escolar e justifica sua permanência e, inclusive, sua revalorização.

Quadro 2.4 Indicações para a implementação prática do uso pedagógico da biblioteca na escola

USO PEDAGÓGICO DA BIBLIOTECA ESCOLAR
Recurso que facilita a aplicação de determinadas estratégias metodológicas, requeridas em situações de aprendizagem que exigem interação com recursos como, por exemplo, os trabalhos de pesquisa e as atividades de leitura. Contexto de aprendizagem híbrido vinculado ao uso das TICs. Contexto de aprendizagem preparado para as experimentações didáticas que podem extrapolar a outras matérias ou níveis.
• A responsabilidade do uso da biblioteca está nas mãos dos professores. • A escola deve dispor de uma proposta estruturada de possibilidades de uso efetivo da biblioteca como recurso facilitador de aprendizagens e de práticas de leitura. • As atividades realizadas deverão se relacionar a atividades didáticas localizadas dentro do desenvolvimento curricular da escola e do cotidiano de sala de aula. • A proposta de utilização pode vir a partir de uma matéria ou disciplina, de uma área curricular ou até mesmo de um projeto interdisciplinar. • A atividade pode ser encaixada no contexto de um nível educacional, um ciclo ou de um projeto mais geral da escola. • É necessário estabelecer uma continua interação entre sala de aula e biblioteca que remeta ao planejamento de atividades de acordo com o conteúdo dos projetos de trabalho.

São muitas as qualidades e préstimos que as ferramentas TIC e a internet empregam à didática e, assim, seu uso é implementado na atualidade em muitas escolas. São utilizadas em múltiplas situações de aprendizagem pois são múltiplas também suas aplicações: plataformas de aprendizagem, recursos informativos, materiais didáticos, problemas informativos, aplicações 2.0, rede social, etc. Dispomos de uma grande variedade de possibilidades.

A biblioteca escolar, por outro lado, representa, em seu conjunto, um único recurso educacional. Não o podemos conceber de forma fragmentada como no caso dos recursos TIC. Podemos pensar parcialmente nela segundo os materiais de que dispõe, já que estes podem responder a diferentes usos. Contudo, devemos utilizá-la e visualizá-la em sua globalidade como um sistema formado por uma estrutura organizativa estável e em um contexto favorável da ação educacional. Se podemos, por outro lado, comparar a biblioteca à internet – com esta, tem paralelismos e diferenças –, a biblioteca será um contexto presencial, e a internet um contexto virtual ou não presencial. Um dispõe de recursos físicos e o outro, de recursos imateriais. Os recursos da biblioteca estão filtrados, selecionados e organizados; os da rede, não. A internet não pode integrar a biblioteca em sua totalidade (apenas parcialmente quanto ao conteúdo). Mas a biblioteca pode integrar a internet. Essa vinculação não é unicamente facilitada por dispor de conectividade, mas também pela possibilidade de facilitar, na rede da escola, a presença de recursos digitais, selecionados e organizados a partir da biblioteca escolar.

A biblioteca tem um grande valor por apresentar-se como um contexto de aprendizagem híbrido no qual as possibilidades presenciais e não presenciais podem ocorrer de forma simultânea em que a consulta a materiais impressos e digitais pode se complementar.

Podemos equipar as aulas com conexão à internet e, inclusive, levar a ela alguns livros. Entretanto, não podemos dispor – mesmo que assim quiséssemos – da totalidade de possibilidades de uso que a biblioteca facilita configurada em um sistema sustentado por uma estrutura organizacional estável; porque o grande diferencial é a permanência – a capacidade da biblioteca como contexto físico de perdurar na escola ao longo dos anos. A biblioteca deixa passar os anos e vê como as gerações crescem e os materiais se renovam. Alguns consolidam-se e outros são rechaçados.

Essa permanência física possibilita que a biblioteca escolar configure-se como um ambiente aglutinador da riqueza cultural da escola e favorecedor de práticas leitoras e de atividade intelectual. Representa um ambiente extraordinário de conhecimento que rodeia a vida social e acadêmica dos alunos e que pode estender-se a toda a comunidade educacional fora do horário escolar, porque as situações de aprendizagem requerem a existência de ambientes ricos culturalmente que disponham de recursos informativos e literários permanentes a fim de poderem acolher os materiais elaborados pelos próprios alunos.

Para isso, esse contexto de conhecimento não pode estar defasado no tempo. Há que se configurar necessariamente como um ambiente vivo, reflexo do cotidiano escolar em que os materiais mantenham-se atualizados e respondam às necessidades reais dos alunos. Afinal, se a biblioteca perde a qualidade de seus recursos, tornando-se um depósito, perde sua utilidade. Para ser mais preciso, aquilo que lhe confere valor pode girar repentinamente contra ela e anular o sentido de sua existência.

Alguém deve cuidar da biblioteca, em todos seus aspectos materiais e ambientais, pois deve ser um ambiente acolhedor que convide, que seja adequado e decorado em função da idade dos alunos da escola. O coordenador da biblioteca tem um trabalho importante de atendimento e cuidado para manter esse ambiente vivo e organizado. Essa tarefa representa um serviço de grande valia à comunidade educacional.

FUNÇÃO DE APOIO PEDAGÓGICO NOS PROCESSOS DE MELHORA

A biblioteca escolar, visualizada não como um elemento físico, mas sim educacional, é um agente que pode e deve exercer uma função de apoio pedagógico de forma interdisciplinar. A finalidade última é impulsionar os processos de melhoria do ensino que estejam sendo desenvolvidos na escola. Essa é sua missão – aquilo que em última instância, aspira – e a contribuição maior que pode colaborar para a qualidade do ensino.

O desenvolvimento da biblioteca escolar em uma escola deve representar o sinal vivo e visível da existência de uma determinada atitude do conselho de professores da escola em relação ao ensino em que a leitura, a pesquisa e o prazer intelectual constituam elementos essenciais da prática educacional.

A presença física da biblioteca não pode ser, por ela mesma, geradora do processo de melhora nem de sua dinamização interna. A responsabilidade está nas mãos dos professores, na maneira como abordam sua prática e aproveitam os recursos e meios de ensino que têm a seu alcance. A implementação da biblioteca escolar deve levar em conta essa consideração, já que não podemos outorgar-lhe um protagonismo que, na prática, não lhe corresponde.

Para poder apoiar a prática docente, é fundamental por em prática uma proposta estruturada que determine as possibilidades de uso efetivo da biblioteca. Para isso, é preciso ressaltar os elementos de que dispõem e que realmente sejam favoráveis para impulsionar os processos de ensino e aprendizagem e as ações de formação de leitura.

Esse apoio tem como consequência uma promoção do uso da biblioteca que não se realiza de modo direto, mas de modo transparente dentro das estruturas organizativas de planejamento educacional. Isso deve realizar-se com um enfoque determinado. Há de ser uma estratégia articulada desde a concepção de que os processos de ensino e aprendizagem devem projetar-se como processos comunicativos e requerem que sejam provocadas situações de interação comunicativa. Isso ajuda a compreender que os recursos não podem e nem devem se justificar por eles mesmos, mas que são os processos de ensino e aprendizagem que exigem sua existência, uma vez que requerem meios de ensino e recursos facilitadores de aprendizagem.

Portanto, a implementação da biblioteca escolar deve articular-se a partir da diversidade de situações de aprendizagem que podem projetar-se nas programações de aula ou de ciclo. É aqui que se deve vincular o apoio que a biblioteca pode exercer em cada um dos casos. Somente assim, é possível realizar um processo em ciclo que permita retroalimentar as necessidades geradas na escola com o uso da biblioteca e de seus recursos. Nesse processo, encontramos a utilidade da biblioteca ao mesmo tempo em que incorremos na possibilidade de que os professores possam incorporar, de forma natural, esse uso em sua prática, porque a função de apoio da biblioteca escolar à docência determina que o que configura sua base não são apenas os recursos de que dispõe, mas sim seu uso inserido em um processo de ensino e aprendizagem. Nesse sentido, a finalidade da realização desse apoio não é simplesmente que utilizem-se os recursos, mas sim orientar no seu uso para que este seja educacionalmente eficaz.

O objetivo é determinar em quais situações de aprendizagem a biblioteca é útil e, portanto, facilitadora da aprendizagem que se deseja alcançar. Aqui, a existência do coordenador é imprescindível, porque é quem realmente realiza o apoio concedendo os materiais mais adequados e orientando na idoneidade de seu uso. Este trabalho representa uma ajuda extraordinária para os professores que entendem, assim, de que forma os esforços não somam, mas multiplicam-se.

Em consequência, a incidência real da biblioteca na prática educacional não deve ser vinculada unicamente ao recurso físico em si. Mas também, especialmente, ao recurso humano, porque a biblioteca escolar personificada pelo bibliotecário deve constituir-se em um agente catalisador e, dessa maneira, canalizador de iniciativas responsáveis vinculadas aos trabalhos de pesquisa e às intervenções de leitura.

As situações de aprendizagem vêm determinadas por princípios pedagógicos e didáticos que orientam a prática educacional e por conteúdos curriculares. Logo, as ações de apoio conduzidas a partir da biblioteca escolar podem desenvolver-se para serem mais efetivas em duas vias de atuação – uma de nível metodológico e a outra de conteúdo curricular.

Nesses dois âmbitos, que se complementam e se relacionam, é preciso concretizar objetivos, formulá-los explicitamente e planejar ações que correspondam a uma política de experimentação didática na qual vincule-se a implementação da biblioteca escolar e das TICs.

Além do mais, essas ações devem corresponder a uma política de intervenção na prática de leitura que desenvolva-se em vários âmbitos de ação: competência leitora, hábito de ler, formação, experiência literária e competência informacional.

Deve-se provocar de maneira expressa a implicação e a sensibilização dos professores nestes dois objetivos: um associado aos meios de ensino facilitadores de mudanças metodológicas; outro, especificamente à leitura e suas diversas modalidades como elemento-chave do desenvolvimento pessoal e social dos alunos. Tudo isso pode realizar-se em um apoio contínuo a partir da biblioteca, na realização como comentávamos anteriormente, de duas situações reais de aprendizagem: os trabalhos de pesquisa e as intervenções de leitura.

Essa trama deve ser executada como uma estratégia projetada e impulsionada pelas equipes diretora e pedagógica. É um requisito indispensável. A função de apoio da biblioteca escolar pode unicamente desenvolver-se com o impulso contínuo das direções executiva e pedagógica da escola. Ela deve considerar o coordenador da biblioteca ou a equipe de pessoas que realiza esse trabalho como um recurso humano indispensável para poder gerar processos de melhoria do ensino (Quadro 2.5).

Quadro 2.5 Elementos que constituem a função de apoio pedagógico da biblioteca escolar como agente interdisciplinar dentro da escola

FUNÇÃO DE APOIO PEDAGÓGICO DA BIBLIOTECA ESCOLAR
• Recurso que realiza um apoio aos programas e projetos de trabalho de aula.
• O coordenador ou responsável pela biblioteca escolar assessora os professores na abordagem das estratégias metodológicas que os recursos facilitam, bem como na articulação dos conteúdos curriculares aos que seu uso é vinculado.

Vias de atuação de apoio pedagógico	
Apoio metodológico: a serviço de uma política de experimentação didática que aborde o uso de recursos facilitadores de inovação educacional.	Apoio a conteúdos curriculares: a serviço de uma política centrada no ensino e na promoção da leitura.

Situações reais de aprendizagem	
Trabalhos de pesquisa.	Atividades de leitura.

DIMENSÕES E CONTRIBUIÇÕES DA BIBLIOTECA ESCOLAR

Duas são as dimensões na implementação da biblioteca escolar em uma escola: uma é física e a outra educacional. Jogamos com os dois lados e devemos visualizá-los dessa maneira para obter resultados nesse processo. Esta é a via de possibilidades ou o modelo de implementação para o desenvolvimento da biblioteca escolar, porém, vinculada necessariamente à presença do recurso humano. Este, bastante conhecedor de como são concebidos os processos de ensino-aprendizagem, de como articulam-se realizações e sistematizações, de como trabalhar em equipe para promover a cumplicidade da equipe docente e a corresponsabilidade. Os professores devem especializar-se continuamente e formar-se nos diversos conteúdos educacionais que integram a substância educacional da biblioteca: a leitura em suas diversas modalidades, os projetos de pesquisa relacionados com a competência informacional digital e o conhecimento da literatura infanto-juvenil. Diversas disciplinas entram no jogo e todas contribuem com sua especificidade, mas necessariamente contextualizadas no âmbito educacional.

Definitivamente, a clareza e a nitidez com que podemos visualizar a biblioteca escolar determinam a necessidade de ressaltar, de maneira fundamental, aquilo que diz o "para que" da biblioteca escolar. Isso é a sua vinculação com os processos de ensino e aprendizagem e à prática da leitura. Partindo das diversas dimensões da biblioteca, permite-se favorecer e promover o desenvolvimento pessoal e social de nossos alunos nos aspectos intelectuais e emocionais a fim de possibilitar a aprendizagem por pesquisa e o exercício contínuo da leitura (Quadro 2.6).

A conclusão é clara: a chave para o desenvolvimento estável da biblioteca escolar, por parte da direção educacional, não pode se vincular exclusivamente às contribuições da Biblioteconomia, que aborda a organização e a dinamização de um serviço bibliotecário. Esse desenvolvimento deve circunscrever-se à Pedagogia e, de modo real, à disciplina específica que aborda os aspectos da didática e da organização escolar, pois é aqui o lugar no qual inclui-se o desenvolvimento da tecnologia educacional e os meios de ensino. Somente a partir desse âmbito nos conectamos com a substância pedagógica da biblioteca escolar e encontramos o sentido de sua existência vinculada à sua articulação como recurso educacional (Quadro 2.7).

Biblioteca escolar hoje **39**

Quadro 2.6 Conceito de biblioteca escolar e suas contribuições na escola

CONCEITO	AÇÃO	CONTRIBUIÇÕES
Dimensão física		
Estrutura organizada estável	Facilitar	• A seleção coordenada de materiais informativos e literários. • A centralização dos recursos para assegurar seu uso compartilhado. • O acesso a materiais diversos e de qualidade. • A existência de um lugar de encontro e de relações pessoais. • A criação de um contexto presencial de aprendizagem e leitura.
Contexto presencial de aprendizagem e leitura	Favorecer	• O desenvolvimento de práticas de leitura e de habilidades intelectuais. • A realização de trabalhos de pesquisa e de atividades de leitura. • A criação de um ambiente de leitura e de escrita na escola. • O uso da biblioteca como recurso educacional.
Dimensão educacional		
Recurso educacional	Promover	• A criação de processos de ensino-aprendizagem. • As ações de atendimento às necessidades especiais e de de compensação de desigualdades entre os alunos. • As ações de envolvimento das famílias no incentivo à leitura. • O apoio pedagógico à prática docente.
Agente pedagógico interdisciplinar	Apoiar	• O desenvolvimento do projeto curricular e educacional da escola. • A prática educacional no âmbito pedagógico e de conteúdo curricular. • A projeção de situações de aprendizagem por pesquisa e desenvolvimento da prática de leitura e escrita. • Os processos de melhoria do ensino iniciados na escola.

No entanto, sua dimensão educacional também exige sua concepção como um agente pedagógico interdisciplinar que pode e deve exercer função de apoio e impulso contínuo ao trabalho docente nos aspectos metodológicos e de conteúdo curricular. Um apoio que, definitivamente, afeta o desenvolvimento daqueles processos de melhoria no ensino utilizados na escola.

Quadro 2.7 Elementos-chave para a implementação da biblioteca na escola

MODELO DE IMPLEMENTAÇÃO DA BIBLIOTECA ESCOLAR

- Posiciona-se no sistema escolar como um meio de ensino ao ser um recurso facilitador tanto de processos quanto de práticas de leitura na escola.
- Sua implementação é uma ação estratégica para incentivar e apoiar, de maneira contínua, processos reais de melhoria do ensino na escola.
- Seu desenvolvimento está relacionado e vinculado, como recurso facilitador de processos de aprendizagem, à implementação das TICs e, no que se refere às práticas de leitura, à implementação de uma política centrada no ensino e na promoção da leitura.
- Seu uso como recurso educacional a caracteriza como um agente interdisciplinar que gera possibilidades reais de coordenação e de apoio ao trabalho do professor.
- Sua função de apoio pedagógico desenvolve-se em forma de eixo que sustenta, apoia e acompanha, de maneira sistemática e contínua, o núcleo da ação didática (os processos de ensino-aprendizagem).
- A função de apoio pedagógico para o desenvolvimento do projeto educacional e curricular da escola vincula a biblioteca escolar ao âmbito da organização e planejamento educacional.
- As ações de organização e de gestão da biblioteca (serviços, atividades, programas) são ações de apoio à realização de situações reais de aprendizagem e às atividades de leitura e escrita realizadas na escola.
- A função social da biblioteca como espaço aberto à comunidade educacional representa iniciativas de atendimento a desigualdades entre os alunos, a necessidades educacionais especiais e a ações de envolvimento com as famílias.
- Dispõe de um coordenador ou responsável que realiza uma função dupla: técnica, na gestão dos recursos, e pedagógica, como guia e mediador das possibilidades de uso pedagógico da biblioteca e de seus materiais.
- O coordenador ou o responsável pela biblioteca escolar trabalha conjuntamente com o coordenador ou o responsável pelos recursos TIC, fazendo parte da equipe de apoio pedagógico com função de liderança no planejamento e organização didática e curricular da escola.

3

Desafios e prioridades para a escola

necessidades educacionais que a biblioteca escolar pode suprir

NOVA SITUAÇÃO EM SALA DE AULA

Neste momento, a biblioteca escolar pode ser apresentada como um elemento relevante no sistema educacional. Fazem parte dela diversos componentes que são úteis para apoiar de maneira contínua determinadas ações envolvidas na melhoria do ensino. Essas prioridades determinam de maneira fundamental como proceder na educação intelectual e emocional de nossos alunos. Para isso, a promoção da leitura e o desenvolvimento de habilidades cognitivas são imprescindíveis. É precisamente nessas questões que a biblioteca escolar situa a sua finalidade e justifica a sua existência.

Os novos desafios educacionais, surgidos na sociedade do século XXI, preocupam, em grande dimensão, os professores, e tem desencadeado perturbação e incerteza de forma generalizada. A vida cotidiana nas escolas já está afetada por essa nova situação. Urge realizar uma análise do que acontece na sala de aula, de como se ensina e de como se aprende ou não se aprende, porque, nesse sentido, a necessidade de iniciar processos de melhoria no ensino somente pode vir justificada por essa razão.

Existem numerosos paradoxos e diversas contradições tanto na escola quanto nos institutos educacionais. Mas, agora, o que afeta fundamentalmente o profissionalismo e a vocação dos professores é sua dificuldade em conectar-se com as inquietudes e vontades de saber de seus alunos. Nem tudo vale, nem tudo dá bons resultados. Para enfrentar as dificuldades existentes na sala de aula e orientar os caminhos de melhoria, é preciso analisar em quais aspectos reais os alunos mudaram.

Há pouco interesse nas atividades acadêmicas e um esforço mínimo para realizá-las. No ensino médio, encontramos muitos jovens que não estão interessados na escola. Em alguns casos, as tarefas propostas requerem esforços intelectuais muito acima de suas possibilidades, desencadeando, desse modo, ainda mais rejeição. Esses jovens recebem a ideia de diferentes âmbitos da sociedade de que o futuro já não passa pelo esforço. Desse modo, para eles, é muito mais fácil se deixar levar pela preguiça ou pela covardia. Alguns necessitam do barulho da classe, porque precisam demonstrar desinteresse ou, talvez, enfrentar o professor para esconder seu pânico do saber. Tudo o que não possui um valor prático é insignificante, e seu estudo é uma perda de tempo.

Socialmente, nossos alunos são vítimas do pouco valor que é dado ao saber, imersos em um universo midiático que proclama que o triunfo é fácil e o esforço desnecessário. O modelo de sociedade que os rodeia se assemelha a um parque temático "em que nada é consistente e no qual as prioridades são o ócio, a frivolidade e a superficialidade". Vemos, assim, que existe um antagonismo entre os valores humanísticos que a escola procura transmitir e os valores morais dominantes na sociedade – inclusive em algumas famílias. Consequentemente, as crianças mostram uma escassa curiosidade diante das matérias escolares, o que reduz a eficácia de sua aprendizagem. De forma paralela, aflora a existência de alunos que poderiam obter resultados acadêmicos muito bons, mas que preferem reservar-se para poderem ser aceitos pelo grupo.

A promoção da leitura apresenta-se nas escolas como uma forma de resistência contra essas ameaças e como um meio educacional para resistir a elas. Há tempos que esmoreceu socialmente a confiança nas sociedades redentoras e humanizadoras da leitura e, nesse sentido, essa confiança deve ser reconstituída (Mata, 2004).

Um dos desafios fundamentais que a situação em sala de aula requer é reencontrar o interesse dos alunos pela aprendizagem. É preciso mobilizar o desejo do saber, já que não pode haver aprendizagem verdadeira se não se deseja. Mas isso não é espontâneo, é responsabilidade do educador fazer emergir o desejo de aprender. As situações para fazê-lo serão mais favoráveis se forem diversificadas, variadas, estimulantes intelectualmente e ativas, quer dizer, coloca-se o aluno na posição de agir e não simplesmente na posição de receber. Para isso, a existência de uma biblioteca escolar pode permitir ou favorecer a realização de situações de aprendizagem que respondam a essa necessidade.

Outro aspecto relevante que aflora nas salas de aula é a cultura do imediatismo – este apoderou-se totalmente de nossos jovens. Na atualidade, qualquer ação tem de ter uma satisfação rápida. Essa apoteose do instante choca-se frontalmente com a lentidão necessária para a atividade escolar na qual, a leitura – ou o grau de abstração próprio da matemática – precisam de tempo específico, esforço e constância.

Em relação à visão em experiência do tempo, o filósofo polonês Bauman (2007) compara os jovens da modernidade líquida com bombas inteligentes que, uma vez lançadas, mudam seus objetivos. Tudo se move de forma imprevisível: os jovens descobrem que nada está destinado a durar e têm tendência a esquecer imediatamente o que acabam de aprender.

Passamos de uma modernidade sólida, que tinha como objetivo a durabilidade e como referência valores relativamente estáveis, para uma modernidade fluida. Estamos na sociedade do imediato, o que representa um progresso para a vida, mas também origina novas dificuldades que devemos tentar esquecer e atacar.

Outra variável importante é a existência na sala de aula de problemas de atenção. Um grande número de professores reconhece a dificuldade para fixar a atenção de seus alunos. É claro que sempre houve crianças desatentas mas, atualmente, cresceu o número de transtornos de déficit de atenção acompanhados de hiperatividade ou aumentou seu diagnóstico.

É necessária a criação de novos marcos na escola, novas referências e novas situações em que as crianças aprendam a fazer aquilo que não fazem diante da televisão, ou seja, a concentrarem-se, a estarem atentos, a trabalhar sobre coisas que requerem tempo e a fazer do tempo um aliado e não um adversário. Nesse sentido, a promoção da leitura é uma forma de poder instruir na suspensão do tempo. Ler diz respeito, de modo direto, ao tempo, exige a interrupção de toda a atividade, porque ler é uma forma voluntária de dissipar as horas, de entregar-se a um ato desprovido de motivo ou vantagem material. O tempo da leitura é de arrebatamento, no qual as urgências cotidianas desaparecem (Mata, 2004).

Nossos jovens são consumidores de emoções fortes e não estão acostumados a experiências de outros tipos de emoções derivadas da contemplação que geram vivências duradouras, sentidas internamente. São essas as que uma autêntica educação emocional deve proporcionar, pois cada dia é mais difícil educar nesse aspecto, entre outras razões, porque as construções de sentimentos derivados da contemplação requerem tempo, certa lentidão nos ritmos e experiência de silêncio e solidão e, também, precisam do cultivo de atitudes ou disposições essenciais para isso, como a capacidade de surpresa e admiração. Apenas admiração nos impulsiona em direção àquilo que nos ultrapassa. Nossos alunos precisam ser acompanhados nesse caminho de vida. Precisamos de mediadores que ajudem os alunos a avançar na construção de um núcleo pessoal sólido e rico, com capacidade de transcender, o imediatismo e a superficialidade.

A experiência de silêncio é necessária. Nesse sentido, uma biblioteca pode ser um lugar especial dentro da escola. Pode oferecer aos alunos algo que nenhum outro lugar da escola proporciona – tranquilidade e repouso. O silêncio não deve ser considerado um suplício, mas uma qualidade. É preciso preservar espaços nos quais o silêncio e a quietude sejam importantes. O silêncio é uma condição inerente ao saber, e as bibliotecas podem propiciar esses hábitos e essa aprendizagem (Mata, 2004).

É necessário, ainda assim, analisarmos a questão além dos problemas de aprendizagem oriundos da falta de concentração, dar atenção, nas salas de aula, às dificuldades cognitivas e linguísticas envolvidas na compreensão de conceitos e na construção de abstrações. Nesse sentido, crianças e jovens parecem necessitar de palavras para encontrar significados, para articular pensamentos estruturados e para expressar o que pensam e o que sentem. Esse déficit de vocabulário evidencia a falta de exercício contínuo de leitura e os benéficos efeitos que ela traz para o desenvolvimento do pensamento e da abstração. Por isso, é preciso desenvolver ações e intervenções didáticas em todas as matérias – em todos os níveis – que provoquem e assegurem a prática contínua de leitura na escola.

O hábito de leitura deve-se relacionar e conviver com o hábito audiovisual já constituído. A força da imagem a tudo preenche. Podemos acreditar que a visibilidade da imagem proporciona conhecimento por si só. Mas a imagem não está dotada de uma significação transparente. Necessita de um contexto significativo. É preciso que a imagem seja mediada e contextualizada, e a realidade que observamos nos alunos é que nem sempre ela é utilizada nessas condições.

Diante desse cenário, é preciso revalorizar a cultura escrita – maximizar sua presença. Fato é que nas aulas aparece uma rejeição ao livro como referência de leitura literária, mas também há rejeição a documentos informacionais que perderam relevância. Ler se torna uma tarefa árdua e lenta quando a comparamos à vertiginosa rapidez audiovisual ou multimídia.

Esse aspecto nos leva a falar dos novos comportamentos informacionais e tecnológicos dos alunos. Estamos diante de gerações que não conheceram a vida sem internet. São os chamados "geração digital" (*Net Gen.*), "geração google" (*g-Google*) ou "nativos digitais". Eles caracterizam-se, de maneira geral, por sentirem-se mais cômodos com um teclado e um *mouse* do que com lápis e papel. Cresceram ao lado de computadores e utilizam os dispositivos eletrônicos com muita habilidade e facilidade, e sem que ninguém lhes tenha ensinado a fazer. É uma geração que está conectada de maneira constante à internet para socializar-se e que não distingue entre vida pessoal e social. Realizam uso intensivo das redes sociais (*Facebook*, *You Tube*, etc.) e das comunicações móveis com uma atitude de certo exibicionismo. Isso exige uma urgente mediação no âmbito educacional quanto aos aspectos éticos, de atitude e linguísticos. Esta geração também mostra uma nova forma de comportamento diante da tecnologia – aspecto que fez com que eles fossem definidos também como "geração multitarefa" (*multi task generation*). Desde o ponto de vista da cognição, é necessário considerar que muitas coisas que acreditamos que os adolescentes façam ao mesmo tempo, na realidade, eles as fazem uma depois da outra – mas com maior velocidade do que um adulto. Portanto, deveríamos diferenciar tarefas sequenciais e tarefas simultâneas.

É preciso destacar como a tecnologia apresenta um grande paradoxo em si mesma: potencializa os bons e os maus usos e comportamentos, amplifica tanto aptidões como déficits e por isso, é necessário avaliar muito bem seu uso generalizado, ou único, nas salas de aula e no ensino – e utilizá-la ciente das contradições que ela nos traz e em complementariedade com outros recursos. Existe a consideração de que os meios não são apenas fontes por meio das quais recebemos informação, mas muito mais, como dizia o filósofo canadense McLuhaan (2009), qualquer tecnologia (todo meio) é uma extensão de nosso corpo, nossa mente ou nosso cérebro.

Os meios tecnológicos são entendidos como ferramentas que estendem às habilidades humanas do mesmo modo que uma bicicleta ou um automóvel são uma extensão de nossos pés. O computador seria uma extensão de nosso sistema nervoso central. Por isso, suas possibilidades são poderosíssimas e representam mudanças culturais dignas de atenção da escola. A tecnologia digital está desenvolvendo, em nossos alunos, sem dúvida alguma, uma maneira diferente de perceber o mundo.

Existem, além disso, muitos mitos em relação às novas práticas informacionais dessas gerações. Um estudo realizado pela *British Library Information Behavior of the Researcher of the Future* (2008) determina a existência de dificuldades e déficits no uso e no tratamento da informação. Parece que essas gerações não orientam, exitosamente, as estratégias de busca (não têm claras suas necessidades de informação), tampouco dedicam tempo suficiente para avaliar e comparar a confiabilidade dos dados recuperados. Demonstram habilidades muito básicas e ficam satisfeitos com resultados pobres. Nossos alunos manejam com destreza as novas tecnologias, as ferramentas, mas não o conteúdo. Nesse sentido, é preciso problematizar a vinculação direta que pode ter a melhoria dessas capacidades com o incremento da tecnologia digital.

Por essa razão, é importante que na educação de ensino fundamental e de ensino médio se aplique o modelo para desenvolver as competências informacionais que permitam a aprendizagem integrada de conceitos, técnicas e estratégias, ao mesmo tempo em que promovem hábitos e valores próprios relacionados ao acesso, tratamento e comunicação da informação. Para isso, exige-se que a biblioteca escolar apresente-se como um ambiente híbrido, quer dizer, presencial e virtual – ponte entre a coleção de materiais físicos e digitais configurada como portal de acesso à informação em seus múltiplos suportes. No entanto, também como ambiente de aprendizagem, facilitador de metodologias didáticas que convidem o aluno a interagir com a informação.

PRIORIDADES EDUCACIONAIS MAIS RELEVANTES

A cultura digital na qual estamos imersos requer que sejam determinadas prioridades educacionais as quais deve-se abordar sem medo. A passagem de uma sociedade da informação para uma possível – e desejada – sociedade do conhecimento apenas será produzida se levarmos a cabo essas prioridades no sistema educacional. As novas necessidades sociais tornam-se desafios de grande magnitude para a escola e lhe conferem uma enorme, mas ao mesmo tempo frágil, responsabilidade.

O termo "sociedade do conhecimento", em certo modo, é inapropriado. Não podemos confundir o conceito de informação com o de conhecimento. Onde realmente vivemos é em uma sociedade informacional e multimídia, pois são diversos os meios comunicativos aos quais temos acesso, e a informação não é conhecimento. Se pensarmos verdadeiramente em uma sociedade do conhecimento, estaremos visualizando uma sociedade da aprendizagem. Ensinar a sociedade do conhecimento, implica, consequentemente o desenvolvimento de uma profunda aprendizagem cognitiva que impulsione a reflexão e a criatividade nos estudantes.

De certo modo, estamos diante de um paradoxo profissional, pois, espera-se que o ensino crie as habilidades e as capacidades que permitam aos indivíduos e às organizações sobreviver e ter êxito na sociedade do conhecimento para a prosperidade econômica. Ao mesmo tempo, espera-se do sistema educacional que diminua e enfrente muitos dos imensos problemas que essa mesma economia cria ou as mudanças sociais que ela desencadeia de maneira colateral.

A educação se encontra em uma posição privilegiada para ensinar um conjunto de valores, disposições e sentimentos de responsabilidade global que vão além dos limites da economia e do conhecimento. Isso implica desenvolver os valores e as emoções da personalidade dos jovens, dar especial ênfase à aprendizagem emocional além da aprendizagem cognitiva, ajudar a construir compromissos para a vida em grupo e cultivar uma identidade cosmopolita (Harghaves, 2003).

Necessitamos impulsionar um grande esforço para favorecer um sistema educacional no qual os professores sejam capazes de promover a criatividade e o talento dos estudantes, junto com o desenvolvimento de uma enorme capacidade para compreender. Morin (1999) formula essa ideia de forma acertada: "necessitamos educar para a compreensão". Uma compreensão entendida como a aquisição do pleno conhecimento. Nesse sentido, devemos diferenciar dois tipos de compreensão: a compreensão intelectual ou objetiva e a compreensão humana e intersubjetiva. As duas devem ser cultivadas de modo paralelo – uma passa pela inteligibilidade e pela explicação; a outra supera a explicação e a racionalidade, comportando uma compreensão que inclui um processo de empatia e de identificação pessoal.

Assim, o desenvolvimento dessa compreensão profunda, conceitual e experencial requer uma reforma do "pensamento" (da maneira de pensar). E, nesse sentido, o desafio educacional é de alto nível e de grande dificuldade. É preciso substituir o pensamento que isola e separa por um que distingue e conecta. É preciso substituir um pensamento disjuntivo e reducionista por um pensamento da complexidade, que contextualiza e globaliza (Morin, 1999).

Ser competente e desenvolver-se de forma adequada na sociedade da informação, ansiando conhecimento, requer, diante de tudo isso, o desenvolvimento do pensamento reflexivo e criativo. Mas também, a capacitação no uso das diversas linguagens comunicacionais. É necessário saber acessar, analisar e compreender conteúdos e, ao mesmo tempo, criá-los e comunicá-los de forma estruturada e pessoal – não unicamente reutilizando-os ou copiando-os. As alfabetizações múltiplas são necessárias mas o que segue sendo imprescindível é o desenvolvimento da competência linguística – a linguagem como ferramenta-chave para a comunicação e a compreensão vinculada ao pensamento.

Vivemos em um contexto complexo e temos de preparar nossos alunos para a vida, armando-os de recursos pessoais e intelectuais, mas também emocionais, que lhes permitam uma melhor compreensão não apenas de conceitos e conhecimentos abstratos, históricos ou científicos, mas também de sua própria experiência de vida e da complexidade intrínseca da condição humana, cheia de contradições e incompreensões. O desenvolvimento da linguagem junto ao pensamento se apresenta como um eixo imprescindível no processo de maturidade e a ferramenta fundamental para a compreensão é a aprendizagem.

Diante dos novos desafios educacionais, o que se apresenta como básico e imprescindível não deixa de estar entre os objetivos tradicionais da educação. Necessitamos de mentes inteligentes, mas também de pessoas bondosas e sensíveis, chamadas à ação para a transformação social. Para isso, também é necessária uma educação da sensibilidade como predisposição de abertura, de receptividade para com os que nos rodeiam, para enriquecer a própria visão do mundo e do ser humano. É preciso desenvolver processos educacionais que pretendam conseguir a capacitação para interiorizar o lido, o visto ou o experimentado, exercitando o pensamento e a imaginação. E tudo isso com sentido crítico.

Nessa questão, a leitura é uma ferramenta fundamental, especialmente por meio da literatura. Esta se converte em uma escola das vicissitudes humanas partindo do próprio "eu" com a interação pessoal com as obras, porque, na literatura, o relevante é a elaboração imaginária da realidade, e não se a forma como representa a realidade é de fato a realidade. Parece claro que ensinar a ler é submergir os alunos nas complexas linguagens que recriam o futuro do ser humano, adestrar seus olhos e seus ouvidos para captar a dimensão poética do mundo (Mata, 2004).

Em uma época como a atual, cheia de incompreensão generalizada e de superficialidade nas relações pessoais, é prioritária a educação nesses aspectos. Para isso, devem ser cultivadas paralelamente a racionalidade e a sensibilidade, partindo da própria atitude interrogativa dos alunos. A curiosidade aparece como o motor dos interesses pessoais e como motivação das possíveis aprendizagens. Dessa forma, é totalmente necessário que na escola se estimule a curiosidade ou que a desperte caso ela esteja adormecida. É preciso provocar nos alunos o desejo de aprender e incentivá-los à inquietação para formular perguntas. É preciso fazer isso junto com eles, acompanhando-os ao longo de toda a escolarização, ajudando-os a encontrar tempos de reflexão e concentração em uma época na qual eles estão "superinformados" e "superexcitados". Porque, como reivindica o pedagogo francês Meirieu (2007), "[...] não podemos nos contentar com dar de beber àqueles que já tem sede. Também é preciso provocar sede naqueles que não querem beber."

Fomentar a curiosidade significa apoiar e promover o desejo inato de saber e de conhecer – o desejo de descobrir e compreender. Devemos oferecer oportunidades concretas que gerem um ambiente de aprendizagem que tenha sentido por meio da interação comunicacional e oportunidades de interação com representações da realidade presentes em recursos expositivos ou materiais literários. O ato de ler apresenta-se como uma experiência pessoal que pode responder a uma ansiedade vital de compreensão e de curiosidade; uma vez que a atitude de curiosidade, surpresa ou admiração diante do que nos rodeia é o que faz despertar o que poderíamos denominar "atitude filosófica" do ser humano. E essa atitude é algo digno de cultivo e educação. É uma atitude de abertura e busca constante de quem não se contenta com o que recebeu – a atitude que adota aquele que resolveu pensar por si mesmo.

Freire (1997) mostrava que uma das tarefas principais da prática educacional é o desenvolvimento de uma curiosidade crítica. É preciso cultivar a curiosidade como inquietação indagadora, como busca de esclarecimento. "Não haveria criatividade sem a curiosidade que nos move e que nos põe pacientemente impacientes diante do mundo que não fizemos, ao qual acrescentamos coisas que fazemos".

Assim, ao mesmo tempo em que devemos considerar as habilidades e as destrezas no manejo e no uso da informação, a educação também deve proporcionar o crescimento e o fortalecimento de uma dimensão pessoal interna com valores que orientem nossos alunos em um sentido definido não apenas na infância, mas por toda a vida. Porque, para aprender a viver, é preciso não apenas saber acessar a informação ou adquirir conhecimentos, mas também transformar na própria existência o conhecimento adquirido no saber e incorporá-lo à vida.

Desse modo, argumenta-se sobre a necessidade de contribuir para a informação de nossos alunos com uma consciência humanística e ética.

A cultura das humanidades nos proporciona os conhecimentos, os valores e os símbolos que orientam e guiam as vidas humanas. A educação deve contribuir para a autoformação da pessoa e para a aprendizagem do que significa ser cidadão em uma sociedade democrática

NECESSIDADE DE PLANEJAR UM PROCESSO DE MUDANÇA

Sabendo que não existem fórmulas mágicas para todos os problemas que hoje surgem na sala de aula, é preciso dar argumentos, estímulos e pautas de atuação para aqueles que pensam que nem tudo está perdido e que a imobilidade ou a nostalgia devem ser apenas situações transitórias. Devemos sustentar a esperança de que é possível sair deste tempo instável em que a educação se encontra. Mas isso será possível apenas se os professores se envolverem nas mudanças e se, para realizá-las, planejarem um projeto paulatino e realista de mudança nas escolas.

A autêntica mudança é dolorosamente neutra, mas vale a pena tentar. Apesar de todas as contradições existentes, os educadores podem começar a trabalhar nisso para beneficiar seus alunos, porque o que impulsiona verdadeiramente os professores a efetuar processos de melhoria no ensino não são as diretrizes políticas ou burocráticas, e sim o desejo de ajudar realmente os alunos em seu processo de formação.

Um processo de melhoria constitui um esforço contínuo e sistemático destinado a conseguir uma mudança nas condições de aprendizagem. O certo é que nem toda mudança implica melhora. Toda melhora deve implicar mudança. Para isso, desenvolveu-se, por parte da administração educacional – e mesmo nas próprias escolas –, iniciativas vinculadas à organização do currículo e à melhoria das metodologias didáticas.

Os decretos de regulamentação do ensino, na educação obrigatória, são um passo maior no desenvolvimento curricular que propõe a LOE (Lei Orgânica da Educação). É o modelo curricular por competências que representa uma nova proposta. É um processo associado à proposta de revisar o currículo com vistas a adaptá-lo às novas necessidades educacionais e de formação.

Existe um acordo generalizado entre os estudiosos para determinar que podemos identificar como necessidades formativas dos alunos os aspectos cognitivos e cognitivo-linguísticos, os aspectos emocionais ou de equilíbrio pessoal, os aspectos de relação interpessoal e os aspectos de atuação e inserção social.

Vemos que as mudanças no currículo são um pilar básico para enfrentar os novos desafios, mas também verificamos com preocupação o extraordinário protagonismo que as novas tecnologias adquirem nesse processo. Corremos o risco de tirar de foco as prioridades, pois a inovação educacional não pode se vincular unicamente à implementação desses recursos. As novas ferramentas devem ser valorizadas como meios e não como finalidades em si mesmas. A didática que a nova situação diagnosticada em aula requer não passa unicamente por uma movimentação em direção às novas tecnologias.

É preciso visualizar as possibilidades didáticas que as novas tecnologias digitais possuem sem desprezar as virtudes que outros recursos tradicionais apresentam – como é o caso da biblioteca escolar. As ações que estão sendo desenvolvidas têm o perigo de serem levadas a cabo de modo descontrolado ou desorganizado, pois nem os computadores móveis e nem os monitores irão solucionar os problemas de compreensão de aprendizagem de nossos alunos, tampouco irão melhorar as metodologias didáticas dos professores se estes não tiverem pautas para utilizá-las. Confundir-nos seria um grave erro.

O desenvolvimento das competências básicas estão relacionadas a uma concepção determinada do conhecimento e da aprendizagem. É uma visão relacionada com as teorias socioculturais construtivistas em que é concebida a aprendizagem como uma construção pessoal mediada pela interação. Considera-se que o conhecimento é um produto social e que a aprendizagem é uma reconstrução pessoal. Este é o núcleo ao qual as ferramentas devem se vincular e desenvolver-se com todas suas qualidades didáticoas comunicativas.

Observamos que a verdadeira inovação educacional está nas mãos e na mente dos professores, em sua capacidade criativa para utilizar a diversidade de meios e recursos dos quais dispõem para conseguir os objetivos educacionais propostos. Por sua vez, a inovação se relaciona, no âmbito da escola, à capacidade para planejar esses objetivos e sua aprendizagem a partir da corresponsabilidade, partindo das competências básicas e articulando seu desenvolvimento de maneira interdisciplinar. Aqui, encontramos a verdadeira inovação educacional a qual os meios devem apoiar e mostrar a sua utilidade.

Sob essa perspectiva, a biblioteca escolar age, dentro do sistema educacional, como recurso favorecedor e fundamenta sua existência a serviço do desenvolvimento das competências básicas e de um ensino baseado na interação comunicacional para a construção de conhecimento.

Na biblioteca, essa interação pode ser conduzida em situações específicas como o são a realização de trabalhos colaborativos de pesquisa ou a interação pessoal ou coletiva que os alunos podem realizar diretamente com os textos por meio da leitura.

No entanto, o elemento-chave constitutivo e imprescindível da qualidade do ensino são os professores. Nenhuma mudança para a melhoria do ensino pode ser realizada sem uma ação que represente uma intencionalidade educacional. O professor não é um mero executor no desenvolvimento curricular, mas sim um mediador entre o currículo e a situação real na qual este se desenvolve. O professor interpreta e redefine o ensino em função de seu conhecimento prático, de sua maneira de pensar e entender a ação educacional (Del la Torre; Barrios, 2000).

Os professores devem estar preparados para se deparar com situações diferentes em cada sala de aula, em cada curso e com cada grupo de alunos, diante das quais não deve empregar procedimentos prontos ou receitas de maneira rígida. Sólidos conhecimentos e habilidades são necessários para orientar o processo ou até mesmo improvisar. Por isso, considera-se que a prática educacional se caracteriza por ser uma combinação de arte, técnica e improvisação.

É preciso determinar que o projeto da prática docente seja uma das competências mais importantes na formação dos professores. É uma prioridade para o seu profissionalismo, já que exige a capacidade de apropriar, a cada situação escolar real, a construção e o desenvolvimento do currículo. Os meios de ensino, os recursos e as estruturas organizacionais existentes em uma escola são ferramentas que apoiam os processos de ensino-aprendizagem que os professores projetam.

4

Biblioteca escolar e cultura digital

a coexistência de meios para a promoção da cultura escrita

REVOLUÇÃO TECNOLÓGICA E CULTURA ESCRITA

Na atualidade, a cultura digital nos envolve e nos coordena. São diversos os aspectos que a caracterizam e que estão afetando – de forma veemente – o âmbito educacional. Para a biblioteca escolar, dispor de computadores e conexão à *internet* representa apenas uma primeira fase de transformação. Não se deve esquecer que iniciamos uma viagem cujo percurso é longo. Assim, refletir sobre isso é totalmente imprescindível para não ficar focado na superficialidade dessa revolução. Mas como poderemos transformar nossa visão, se ela está impregnada pela cultura impressa? Devemos ser capazes de nos desfazer momentaneamente dessa visão para, assim, vermos os elementos sem sombras ou relevos a fim de exprimirmos as possibilidades que as mudanças proporcionam.

O primeiro passo é reconhecer que a leitura e a escrita são influenciadas pela cultura digital. Isso é fundamental, já que determina a necessidade de realizar um giro, mudar a perspectiva e, consequentemente, reorientar as ações da biblioteca escolar. Sua missão e funções não mudam, continuam com força porque são totalmente necessárias no contexto da sociedade da informação. Apenas deve-se valorizá-las a partir de uma visão mais próxima da realidade social que nos envolve.

Novas perguntas surgem: que sentido há em ler e escrever em um mundo rodeado por telas? Como devemos enfocar a promoção da leitura nesse novo contexto? Leitura de texto e leitura de imagem são a mesma coisa? O que consideramos cultura escrita? Qual conceito temos dela e para que pensamos que serve?

É preciso propor essas perguntas para poder encontrar, em suas respostas, os elementos realmente nucleares e, dessa forma, diferenciar daqueles que frequentemente desviam da realidade. A cultura digital apresenta aspectos de grande utilidade para as bibliotecas, mas misturados com outros de menor importância. Essa situação de conjunção apresenta dúvidas e incertezas que devem ser aceitas sem temor, porque constituem uma característica de nosso tempo.

A cultura escrita sobrevive na cultura digital, mas é preciso questionar onde ela está situada e de que forma se tem acesso a ela. O aspecto-chave é a possibilidade de coexistência dos diferentes meios ou suportes para a cultura escrita e a necessidade de relacioná-la, de maneira diferenciada, com outras formas e linguagens que sejam uteis para a representação e a comunicação de conteúdos, mas que, sem dúvida, não são do mesmo calibre.

A questão principal – no que se refere à biblioteca escolar – consiste em reconhecer que, na atualidade, não podemos realizar uma promoção da leitura com as mesmas ferramentas e estratégias que usávamos anteriormente. Realmente dispomos de mais de um meio para acessar a leitura? Que materiais podemos oferecer na biblioteca escolar para levar a cabo essa tarefa? Como os nossos alunos se aproximam da literatura, se o contexto no qual se encontram imersos está cheio de jogos virtuais e *videogames*?

De um mundo onde, conceitualmente, as bibliotecas eram núcleos do saber e centros de leitura por excelência, mudamos para um cenário no qual podemos também ter acesso à cultura escrita por meio do contexto digital. Mas, nesse contexto, os conteúdos que utilizam a palavra para a sua representação estão misturados com os conteúdos audiovisuais, com as imagens, com os arquivos de áudio. Como podemos inserir as nossas crianças na cultura escrita? Como conseguir que nossos alunos se tornem "viciados" nessa cultura?

É preciso uma reflexão que nos leve a valorizar, por um lado, a magnitude das mudanças e, por outro, a diferenciar o que é relevante e o que é secundário, ressituando a função social da cultura escrita nos novos tempos em coexistência com a cultura visual e com as novas formas de oralidade que as tecnologias digitais facilitam. Somente assim encontraremos âmbitos de ação para desenvolver as práticas leitoras e as habilidades intelectuais de nossos alunos e poder facilitar o uso de diferentes modalidades de leitura e escrita.

Questionar sobre o porquê e o significado da cultura escrita parece, à primeira vista, uma questão desnecessária. Mas convém reencontrar a argumentação de sua promoção neste momento em que presenciamos uma profunda transformação cultural que afeta nossas práticas comunicativas. Por que falar de cultura escrita? É óbvio que o conceito de leitura está vinculado ao conceito de cultura escrita. Referimo-nos à prática de acesso e à elaboração de discursos de textos coerentes e estruturados (narrativos, expositivos e argumentativos). Essas práticas devem ser aprendidas, desenvolvidas e fomentadas. Diversos autores utilizam o termo *alfabetização* no acesso à cultura escrita; outros falam de literacidade, de competência leitora, de aprendizagem em diferentes níveis de escrita (funcional, instrumental e crítica).

Muitas vezes, identificamos erroneamente a cultura escrita com a cultura impressa ou com a cultura dos livros. É importante ver a diferença. Este termo, ao se mostrar independente da tecnologia utilizada, é muito mais significativo para denominar a prática de leitura e a escrita de textos no novo contexto social.

É preciso valorizar, em primeiro lugar, que a imprensa não foi o começo da cultura escrita. Foi o início da cultura impressa. Facilitou e amplificou seu uso, mas a escrita já existia anteriormente. Agora que presenciamos novas mudanças na tecnologia da escrita, passando da Era Gutemberg à Era Digital, percebemos que a escrita evolui através do tempo, a medida que evoluíram as tecnologias que utiliza.

É evidente que é preciso enfrentar a questão com um pouco de perspectiva. Como indica Chartier (2000), ao valorizar a origem da escrita e sua evolução, não devemos nos surpreender com o fato de que a mudança tecnológica sempre tem provocado transformações sociais e conceituais, mas de modo lento. Na atualidade, ainda nos falta perspectiva histórica para realizar afirmações contundentes.

Ferreiro (2002) assegura que realmente existem consequências nas práticas sociais, embora de forma paulatina, pois as mudanças suscitam certos comportamentos no escritor ou impõem condições específicas de produção. As máquinas de escrever fizeram retroceder a escrita manual para usos mais privados. A caneta acabou por se impor à caneta-tinteiro e, atualmente, experimentamos o teclado do computador, no qual há possibilidade de retornar facilmente sobre o texto para reconsiderá-lo ou modificá-lo.

Não devemos desconsiderar que a escrita representa um dos inventos tecnológicos mais relevantes da história da humanidade. A leitura e a escrita são, pois, uma invenção tecnológica, embora muitas vezes esqueçamos facilmente disso. Seu caráter tecnológico faz com que a linguagem se torne visível e, por sua vez, permanente. Não considerar esse aspecto pode levar ao erro de valorizar a linguagem escrita como uma mera extensão da linguagem oral e a menosprezar as dificuldades de sua aprendizagem e de seu ensino.

As crianças devem aprender a ler e a escrever. Tudo isso é um processo que precisa ser desenvolvido e educado, já que não é uma questão inata, mas adquirida. Dessa forma, como podemos ajudar a construir os novos leitores e escritores do século XXI sem valorizar as novas mudanças tecnológicas? É evidente que é preciso adequar a aprendizagem da leitura e da escrita ao contexto em que vivemos e valorizar as consequências geradas pela nova revolução.

Em que consiste, exatamente, esta revolução? Mudanças aconteceram e transformaram nossa relação com a cultura escrita não só no que se refere à leitura e à escrita, mas também no tocante à publicação e à edição dos conteúdos textuais. Modificaram-se, tecnologicamente, as modalidades de produção e de transmissão. A produção da palavra passa da escrita manuscrita e a publicação impressa à edição no contexto digital. Produz-se uma revolução em dois aspectos: por um lado, a técnica de produção e, por outro, a técnica de reprodução de textos. Consequentemente, aparecem novas formas de construção de discursos e novas modalidades específicas de leitura.

A cultura digital, caracterizada pela utilização cotidiana do suporte digital e pelo uso intensivo das redes, modificou outra vez a cultura escrita. Para esta, o novo suporte determina que a tela possibilite novas formas de textos, enquanto a internet dispõe de novos meios imediatos para distribuí-los.

Aparece, também, a possibilidade de democratizar a cultura ao facilitar seu acesso e poder concentrarem um só sujeito diversas tarefas produtoras, como escrever, editar e publicar. Desse modo, os conceitos de autor, editor e distribuidor, que coincidem com a industrialização do livro, correm o risco de ficar modificados (Chartier, 2000).

Existem alguns efeitos inquestionáveis das possibilidades da tela e da tecnologia digital na escrita. Mas, para nos familiarizarmos nessas possibilidades, devemos entender – conceitualmente – a questão e saber diferenciar entre o que é o meio que corresponde ao suporte e o que é a forma ou o modo de representação que constitui o formato ou a linguagem com a qual os conteúdos são apresentados.

Há até pouco tempo, o meio para a difusão da escrita era o livro e a página impressa, como descreve Krees (2005):

> antes, entre o meio (o livro ou a página) e a forma (a escrita) existia uma relação totalmente recíproca. Se o livro estava organizado e dominado pela lógica da escrita, agora vemos que a tela está organizada e dominada pela imagem e por sua própria lógica.

O que está mudando? No contexto digital, ao utilizar um novo suporte, a escrita fica cada vez mais organizada e configurada pela lógica da imagem no espaço da tela. Por natureza, a lógica da escrita corresponde à sequência no tempo, por outro lado, a lógica da imagem é espacial e simultânea. Ao mesmo tempo, o surgimento do hipertexto e da possibilidade de "lincar" conteúdos propicia novas disposições não lineares para eles. Chartier (2000) nos diz:

> ao ler na tela, o leitor contemporâneo volta a encontrar algum aspecto da postura do leitor da antiguidade. Mas, este leitor atual lê um rolo que se distancia e se abre, em geral, verticalmente e que está dotado de todos os pontos de referência próprios de uma forma que é a forma do livro. O cruzamento dessas lógicas define na realidade, uma relação com o texto original.

A isso, é preciso acrescentar outro aspecto fundamental: na cultura digital, ressurge com força a imagem, e esta se coloca em uma posição central. Embora a imagem tenha existido como forma de representação, sempre penetra no âmbito da comunicação cotidiana como um meio para transmitir informação e conhecimento. Paradoxalmente, a palavra está passando a ser ilustração da imagem. Os textos e o uso oral da palavra são utilizados para acompanhar a imagem e melhorar sua compreensão.

É interessante ter em conta que todos esses avanços tecnológicos transformadores não se reduzem unicamente ao uso de computadores e ao novo contexto digital, também herdam a influência dos efeitos das chamadas tecnologias de primeira geração como são o telefone, o rádio, a televisão e a produção audiovisual. Essas tecnologias, atualmente, estão desenvolvendo uma autêntica revolução graças à possibilidade de distribuição que a rede proporciona. Agora, podemos escutar ou visualizar com facilidade programas de rádio ou televisão sem estarmos atados a uma faixa-horária ou também podemos nos comunicar oralmente por meio da internet com baixo custo.

Tudo isso também afeta a cultura escrita ao aparecer com força uma nova oralidade chamada "oralidade secundária" (Ong, 1987), que transmite conteúdos por meio da linguagem verbal, mas estabelece uma comunicação não direta e não presencial.

Este uso da cultura oral propõe novos desafios à cultura escrita, porque desloca sua posição de primazia, ao mesmo tempo em que oferece novas possibilidades de comunicação em que o discurso pode se desenvolver, ainda que não utilize a escrita, acompanhado da comunicação não verbal. Isso significa que as novas tecnologias facilitam o uso da expressão oral que deve ser aprendida e desenvolvida na escola. Em diversas atividades na sala de aula, é possível elaborar discursos prévios para serem comunicados em exposições e apresentações.

NOVAS FORMAS DE LER E ESCREVER

Ao surgirem novas modalidades na produção dos textos e também novas maneiras de transmitir o que é escrito, surgem, na cultura digital, novas possibilidades para a cultura e para a escrita. Trata-se de novas formas de textos que produzem novos gêneros e novos usos da cultura escrita. Ao mesmo tempo, as possibilidades de publicar e editar na rede toleram formas diferentes de se apropriar dos discursos, ou seja, novas práticas de leitura.

A leitura de textos dispõe de diversas modalidades. Trata-se da chamada "multimodalidade da leitura" ou "leitura multimodal". Vemos que o conceito de leitura se expande porque já não está ligado à cultura impressa. Mas corremos o risco de confundir-nos, porque nos acostumamos a falar de leitura da imagem, leitura do audiovisual ou leitura multimídia. Estamos utilizando esse termo pela necessidade de encontrar uma palavra útil e significativa para determinar o acesso e a compreensão de todo tipo de conteúdo, falamos da competência comunicacional.

O predomínio de outras linguagens não deve perturbar nossa visão da cultura escrita. Com elas, dispomos de novas e extraordinárias possibilidades de comunicação, mas não podemos esquecer que são de natureza distinta da linguagem verbal própria dos textos. As linguagens não podem suprir umas às outras, mas podem ser utilizadas de maneira complementar. Realmente, como poderemos realizar uma utilização didática do conjunto de recursos digitais se não visualizamos diferenças?

Sem dúvida, a cultura escrita está realizando uma migração do suporte digital em um ritmo rápido e irreversível. Como indica Cassany (2006), o impacto dessas mudanças é de grande magnitude e se realiza na vida cotidiana. Aparecem novos gêneros, como correio eletrônico, *chat*, as páginas *web* ou os *blogs*, que são úteis para diferentes objetivos comunicacionais. Por sua vez, utilizam-se múltiplos registros, como o formal ou o coloquial, e diversas formas linguísticas. Tudo no mesmo suporte e misturado no novo contexto comunicacional que é a internet.

Diante das imensas possibilidades que a cultura digital oferece para o uso da cultura escrita, a dificuldade consiste em saber utilizar o gênero, o registro e as formas linguísticas apropriadas para cada uso. Isso é esperado de uma aprendizagem no contexto escolar.

Devemos incitar nossos alunos a controlar e serem rigorosos com as formas, tanto na elaboração dos discursos de conhecimento quanto nos intercâmbios comunicacionais entre indivíduos. A maneira como, atualmente, na rede, misturam-se o público e o privado ilustra a necessidade dessa exigência.

O texto digital também se caracteriza por estar organizado com uma estrutura diferente. O hipertexto determina escritas fragmentadas e autônomas, mas conectadas entre si de forma entrelaçada, possibilitando leituras não lineares por meio dos vínculos. O autor pode desenvolver sua argumentação segundo uma lógica que já não é, necessariamente, linear nem dedutiva, mas, principalmente, aberta, fragmentada e relacional. Assim, o texto eletrônico se torna um discurso versátil porque permite a diversidade de rotas de leitura, representa um texto interconectado e, por sua vez, muito significativo, porque multiplica as suas possibilidades interpretativas (Cassany, 2006). A conclusão mais relevante é que, segundo nossas necessidades comunicacionais, utilizaremos um tipo ou outro de discurso – sequencial ou fragmentário – pelo que é necessário ensinar que é responsabilidade de cada um decidir o tipo de discurso que se deve utilizar.

Graças ao suporte digital, também surge outro aspecto de grande importância: produz-se uma interação da escrita com outras formas de representação, gerando sistemas mais complexos de comunicação como o multimídia. Atualmente, a utilização da linguagem multimídia representa uma das formas predominantes de estruturar e transmitir conteúdos no meio digital, combinando a expressão visual e a linguística em documentos interativos.

Essas linguagens desenvolvem funções diferentes e oferecem diferentes vantagens, de maneira que podem complementar-se e, inclusive, multiplicar sua capacidade expressiva quando se reforçam mutuamente (Kress, 2005). Convergem imagem e palavra de forma integrada, não substitutiva.

As páginas da *web* resultam no exemplo mais claro de utilização da multimídia junto ao hipertexto, apresentando conteúdos informativos de maneira muito atrativa. A biblioteca escolar deve facilitar sua consulta não dispondo unicamente de sua estrutura para acessar a internet, mas também desenvolvendo uma biblioteca digital específica para a comunidade educacional. É preciso apresentar, de forma ordenada, uma seleção de recursos de qualidade da internet que respondam às necessidades informacionais de todas as áreas curriculares e que, dessa forma, promovam seu uso a partir da biblioteca.

No formato *web*, estão acessíveis diversos tipos de documentos que rapidamente passaram do papel à tela, como os dicionários e as enciclopédias. Ao serem consultados *on-line* com grande facilidade e disporem de confiança comprovada, os documentos digitais de nossos alunos devem ser referência em suas consultas informacionais.

Também é preciso considerar que a integração de texto, som e imagem nesses documentos, junto com as carências de nossos alunos na aplicação de estratégias de busca e tratamento da informação, obrigam a dar prioridade à necessidade de desenvolver, no contexto escolar, tanto a aprendizagem da competência comunicacional, em diversas linguagens, quanto o desenvolvimento da competência informacional.

Outra característica dos novos tempos é a desvinculação do texto do objeto no qual ele é produzido. Agora, existe outro tipo de objeto que é a tela, sobre a qual se lê um texto eletrônico e nos encontramos com um leitor que já não manipula diretamente este objeto, que é imaterial. Falamos com naturalidade de contextos e documentos virtuais, quando teríamos que nos referir a contextos não presenciais e a documentos imateriais que são totalmente reais, mas que não podemos tocar fisicamente.

Consequentemente, para determinados usos da leitura – como é o caso da leitura de textos narrativos –, vemos que a experiência literária está ligada ao objeto como elemento físico. Esse aspecto nos anima a considerar que temos de seguir enchendo as bibliotecas de livros, porque as pessoas ainda necessitam de objetos em determinadas circunstâncias.

Nossas crianças, na escola, podem e devem desfrutar dos livros, porque podem tocá-los e manipulá-los, sentindo-se mais próximas dos conteúdos que oferecem, tanto narrativos quanto informativos. É imprescindível que, em sua escolaridade, as crianças e os jovens disponham de livros e os utilizem de forma cotidiana.

Essa questão não supõe que não se aproximem do suporte digital, mas, a proporção do uso deve responder a ação estratégica educativa. Assim, ao chegarem à idade mais madura, não mostrarão rejeição a um livro porque, apesar de realizarem, no ensino médio, um uso intensivo da internet, terão incorporado sua utilização de forma natural e integral aos materiais digitais.

Ao mesmo tempo, apesar de a cada dia dispormos de mais dispositivos eletrônicos para armazenar a informação e permitir sua mobilidade, é preciso destacar que ainda necessitamos de lugares apropriados, contextos presenciais que convidem a ler e a escrever. Espaços facilitadores em que nos encontramos com os textos e poder interagir com eles por meio de objetos físicos, como os livros ou, de maneira não material, a rede.

Por fim, não podemos esquecer que as possibilidades de distribuição de conteúdo que a internet oferece permitem o acesso imediato à grande quantidade de informação que já está definida ou estruturada como objetos digitais. Do mesmo modo que a rede nos facilita o *download* de áudio e de audiovisuais, começamos a poder "baixar" livros e artigos digitalizados – materiais que até o momento apenas eram consultáveis de maneira física nas bibliotecas e agora começam a ser adquiridos por meio dos chamados "depósitos" ou "repositórios" digitais. Estes já estão sendo desenvolvidos como grandes bibliotecas de acesso gratuito ou como plataformas editoriais de vendas de livros eletrônicos.

O aparecimento dos chamados "e-readers" ou "leitores digitais" abre novas possibilidades de uso para a cultura escrita. Esse dispositivo eletrônico aplica uma nova tecnologia chamada "tinta eletrônica" (e-link). A diferença da leitura na tela do computador é que esta permite uma experiência similar à leitura do livro em papel, já que o sistema de iluminação não pisca e não produz cansaço visual. Estes são aparelhos que ainda devem revolucionar ainda mais, em nível tecnológico, já que estão em pleno processo de comercialização. Nesse sentido, a indústria editorial começou a gerar conteúdos, falamos dos *e-books* ou dos também chamados "livros digitais".

COEXISTÊNCIA DE MEIOS E LINGUAGENS

A conclusão é que, atualmente, existem diferentes meios ou suportes para a cultura escrita e, ao mesmo tempo, a cultura escrita convive e compartilha capacidade comunicacional com as linguagens visuais predominantes na cultura digital.

Diante de visões apocalípticas da morte do leitor e do desaparecimento da leitura, Chartier (2000) analisa a questão de modo belíssimo, destacando que a antiga posição entre, um lado, o livro, o escrito e a leitura e, por outro, a tela e a imagem, deve ser substituída por uma nova situação de convivência e complementariedade. Não podemos opor a palavra à imagem. São duas coisas distintas. Não podemos mostrar a imagem contra a palavra. Não podemos por a imagem contra a palavra, porque são complementares. A cultura visual não pode substituir a cultura escrita como transmissora do saber, porque esta ainda se configura como um meio muito útil para transmitir representações da realidade.

Chartier (2000) também afirma que "é preciso fazer um esforço para nos localizarmos entre o discurso utópico e a nostalgia do passado". Para ele, o mais provável é que, durante as próximas décadas, haja a coexistência entre três modos de produção e comunicação dos textos: a escrita manuscrita, a publicação impressa e a textualidade eletrônica.

A coexistência assim proposta se sustenta na possibilidade de utilizar um ou outro meio em função do objetivo de leitura ou escrita que tenhamos que abordar. Consequentemente, realça-se o uso específico de cada meio, oferecendo uma grande gama de possibilidades comunicativas. Essas considerações podem guiar nossas ações de promoção da leitura na escola.

A cultura digital, portanto, não deve ser valorizada em contraposição à cultura impressa, mas deve ser vista como uma oportunidade de desenvolvimento e potencialização de suas possibilidades. De maneira simultânea, a cultura escrita coexiste e convive com a cultura visual e audiovisual, em que a oralidade e a imagem apresentam conteúdos para serem vistos e escutados. Mas a diferença está em que a cultura escrita, no papel ou digital, apresenta conteúdos que podem ser relidos e repensados – conteúdos que permitem que nos apropriemos da linguagem e que desenvolvamos o pensamento reflexivo, imprescindível em uma sociedade cheia de imediatismos e fragmentações

Sartori (1998) afirma de forma contundente que o uso indiscriminado ou frequente da imagem corrói a abstração e anula, progressivamente, o esforço mental.

> É bastante evidente que o mundo no qual vivemos se apoia sobre os frágeis ombros do "vídeo-criança", um novíssimo exemplar de ser humano, educado no ("tele-ver"), diante de uma televisão, inclusive antes de saber ler e escrever. A primazia da imagem, a preponderância do visível sobre o inteligível, o qual nos leva ao ver sem entender.

Tampouco podemos esquecer que o domínio da imagem na cultura digital provoca uma descompensação entre as práticas da cultura visual e as práticas da cultura escrita por parte de crianças e adolescentes. Descompensação que está em detrimento do desenvolvimento de habilidades intelectuais e em detrimento da aquisição de conteúdos conceituais.

A escola tem uma responsabilidade e uma função-chave nessa questão. Realmente, é preciso aprender a dar sentido à leitura e à escrita para acreditar em sua relevância. É preciso fazer que com as crianças descubram que podem ter razões significativas para ler e escrever.

Na atualidade, a cultura escrita segue representando a via fundamental para a transmissão, não de simples mensagens comunicacionais, mas sim de conteúdos, ideias e conceitos, que são representações da realidade e que requerem pensamento abstrato para serem compreendidos. Em consequência, as práticas da cultura escrita são imprescindíveis para a aprendizagem e para o processo de transformação da informação em conhecimento.

A magia da escrita não resulta tanto de suas possibilidades de memorização, mas de sua função de representação do conhecimento. Representar o mundo com palavras permitiu, ao longo da história, transmitir ideias e pensamentos. Não podemos esquecer que, precisamente na sociedade da informação, a riqueza se sustenta nas ideias, no conteúdo, na exploração inteligente da informação e sua conversão em conhecimento.

Surgiu um novo paradigma em que a informação organizada é o motor do crescimento (Cornella, 2002). Nesse sentido, as novas tecnologias possibilitam, de maneira extraordinária, essa mudança. Dispomos de novas ferramentas que nos permitem desenvolver e aplicar nossa capacidade intelectual.

O uso da cultura escrita é essencial para a conversão da informação em conhecimento. Atualmente, o valor da relevância e a capacidade de viabilizar a confiabilidade dos conteúdos constituem elementos-chave para se desenvolver, de maneira eficaz, na cultura digital. A capacidade de focar e precisar também é imprescindível para sobreviver à sobrecarga informacional e à mistura de meios e linguagens que a rede apresenta.

É preciso que nossos alunos, para o seu desenvolvimento social e pessoal, cresçam estruturando sua mente, de maneira que sejam capazes de tratar toda informação que lhes seja apresentada (apesar de fragmentada e descontextualizada) e possam transformá-la em conhecimento pessoal. Para isso, o uso intensivo e sistemático da cultura escrita é um elemento imprescindível, porque se sustenta na lógica e na racionalidade. Sem dúvida alguma, convém que esses aspectos sejam desenvolvidos em crianças e jovens que estejam acostumados a se mover na rede.

Por essa razão, precisamos de bibliotecas nos centros educacionais. A biblioteca escolar é uma ferramenta estratégica para a promoção da cultura escrita. Não desvaloriza a cultura audiovisual e o acesso a conteúdos em outras linguagens, já que os possibilita e os promove, mas sua missão está profundamente relacionada com o âmbito da leitura e escrita de textos.

Precisamos de contextos presenciais para professores que ensinem e alunos que aprendam. Lugares físicos que permitam acessar tanto o mundo digital, como o mundo da cultura impressa, mas com a mediação, porque os recursos devem estar selecionados e organizados para facilitar seu encontro e seu uso.

Nesses momentos, as bibliotecas constituídas como bibliotecas, já invisivelmente híbridas porque integram, são símbolos da dualidade e da coexistência pacífica de meios que caracterizam o nosso tempo. É preciso situar, consequentemente, a função das bibliotecas escolares nesse novo cenário. Para isso, é preciso articular seu desenvolvimento como elementos imprescindíveis para a promoção da cultura escrita nas escolas. Uma cultura escrita conceitualizada de tal maneira que não se apresente atada exclusivamente à cultura impressa nem ao âmbito literário, mas aberta a novas e diversas possibilidades.

5

Enfoque em competências e meios de ensino

aspectos metodológicos e vinculação da biblioteca escolar

DESENVOLVIMENTO E AQUISIÇÃO DE COMPETÊNCIAS BÁSICAS

O novo enfoque curricular desenvolvido na LOE (Lei de Regulamentação Educacional) representa a vontade de que o ensino oriente seus fins de forma real para a formação integral das pessoas. Realiza uma identificação e uma descrição da aprendizagem escolar em termos de competências--chave e de saberes fundamentais. Trata-se de competências para o desenvolvimento dos âmbitos pessoal, social, interpessoal e profissional.

Assim, o termo *competência* é o resultado da necessidade de utilizar um conceito que ressalte essa orientação. Engloba todos os aspectos que durante muito tempo foram considerados no ensino de modo separado (conceitos, procedimentos e atitudes) e acrescenta um novo elemento decisivo e diferenciador – a necessidade de mobilizar ou aplicar os saberes de maneira eficaz em um contexto concreto.

Esse aspecto, devido ao fato de conferir relevância no fazer e no saber fazer, destaca a importância da funcionalidade da aprendizagem escolar. Ao mesmo tempo, a ênfase na mobilização do conhecimento e na funcionalidade do aprendizado representa a possibilidade de integrar vários tipos de conhecimento.

O conceito de *competência* permite definir melhor as metas e os propósitos da ação educacional. Segundo autores como Zabalaia e Arnau (2007), poderíamos definir como competência a capacidade ou a habilidade de efetuar tarefas ou de enfrentar situações variadas de forma eficaz e em um contexto determinado. Para isso, é necessário mobilizar atitudes, habilidades e conhecimentos ao mesmo tempo e de forma inter-relacionada.

Nesse sentido, transformar o desenvolvimento de competências pessoais no eixo que sustenta o currículo escolar representa, atualmente, modificações substanciais em todos os componentes que integram os processos de ensino e aprendizagem.

Nas escolas, adotar as competências básicas representará uma mudança substancial na forma de ensinar, aprender e avaliar. Não é uma modificação cosmética e superficial, pois supõe estabelecer como centro da vida escolar a aprendizagem de conhecimento útil, o que significa uma transformação na forma de conceber os processos de ensino-aprendizagem, a avaliação, a organização dos contextos escolares e a própria função docente (Pérez Gómez, 2007).

Definir, em termos de competência, as intenções educacionais representa implicações que devem ser consideradas do ponto de vista psicopedagógico e didático, já que esse enfoque apoia-se nas teorias construtivistas e socioculturais. Portanto, o enfoque em competências implica um processo de mudança. Este não pode se realizar unicamente com modificações e prescrições normativas nos informes oficiais. Trata-se de uma mudança de cultura, de crenças e de práticas, que deve apoiar-se na qualidade dos recursos humanos e culturais que o sistema educacional tem a responsabilidade de proporcionar às escolas.

Para levar a cabo essas transformações de forma paulatina, necessitamos de formação para os professores, bem como da existência de recursos educacionais em meios de ensino múltiplos e variados que possam facilitar esse processo. Nesse sentido, os meios não podem ser implementados sem uma reflexão pedagógica. É preciso que eles sejam utilizados com as orientações e diretrizes metodológicas que os princípios pedagógicos do novo enfoque curricular determinam.

Existem questões que devem ser consideradas de forma inquestionável: como devem ser conduzidos os processos de desenvolvimento curricular? Como as competências básicas se vinculam nos conteúdos das áreas e nos processos de ensino e aprendizagem? Que aspectos metodológicos devem ser abordados? Todas essas questões não apenas envolvem a existência de recursos materiais ou ferramentas educacionais, como também requerem a existência de agentes de apoio à prática docente e núcleos de coordenação pedagógica.

É importante que as escolas assumam e desenvolvam sua capacidade de autonomia pedagógica, de organização e de gestão, bem como favoreçam a necessidade de gerar uma cultura de colaboração entre os professores para que as decisões sejam compartilhadas. Estas devem ser aplicadas nos diferentes níveis do currículo e deverão guiar os processos de ensino-aprendizagem para o desenvolvimento e a aquisição de competências básicas.

Nesse processo, é de vital importância a liderança pedagógica e organizacional das equipes diretoras para facilitar o envolvimento dos professores, demandando a criação de espaços reais de autonomia e participação e o estabelecimento de núcleos de coordenação. Nesse sentido, a função de apoio pedagógico que o coordenador da biblioteca deve exercer tem sua base e justificativa.

A biblioteca escolar não é unicamente um recurso educacional, mas também um agente pedagógico de caráter interdisciplinar que pode exercer uma função de apoio na experimentação e realização das mudanças metodológicas e organizacionais que a nova situação curricular exige. Isso representa um processo de melhoria do ensino que se desenvolverá paulatinamente e de forma planejada em cada escola.

É imprescindível avançar nas mudanças organizacionais e de gestão que impliquem flexibilização e a variação dos tempos. É necessário estabelecer pautas para que a elaboração dos horários se realize com critérios mais pedagógicos que organizacionais. Esse elemento é de vital importância, uma vez que pode dificultar ou facilitar a utilização versátil e multifuncional dos recursos disponíveis na escola.

Diante dessa nova situação curricular, os argumentos que justificam o desenvolvimento da biblioteca escolar são muito mais relevantes. A aprendizagem das competências básicas requer o envolvimento ativo do estudante nos processos de busca, experimentação, reflexão, aplicação e comunicação do conhecimento. Para isso, contextos culturamente ricos de aprendizagem e leitura são necessários. Nesse sentido, a utilização da biblioteca em nível metodológico vincula-se a situações de aprendizagem que requerem a interação com materiais diversos. No que diz respeito aos conteúdos curriculares, relaciona-se principalmente com o desenvolvimento de três das competências básicas do novo decreto: a competência linguística, a competência informacional e a competência de "aprender a aprender".

ORIENTAÇÕES METODOLÓGICAS

Partindo de um enfoque em competências do currículo, o objetivo prioritário da atividade escolar é que o estudante construa ideias, modelos mentais e teorias comparadas. Para isso, deve buscar selecionar e utilizar dados e informações para utilizar ou aplicar em uma situação específica. Mais do que destacar a relevância dos dados isolados ou a necessidade de sua retenção na memória, frisa-se a importância que as ideias têm, os modelos e os esquemas de pensamento. Estes são considerados não como formulações abstratas, mas sim como instrumentos operativos para entender a realidade nos diferentes campos do saber e do fazer. Os dados e as informações deverão se integrar em histórias, relatos ou modelos de interpretação para que adquiram vida e conduzam a aprendizagem de modo significativo.

A aprendizagem relevante tem lugar em uma complexa rede de intercâmbios e interações. O ser humano constrói, de modo individual ou coletivo, significados no que se refere aos seus interesses e às possibilidades de discernimento e compreensão – e sempre em contextos reais e historicamente convencionados. Aprende-se de forma relevante, quando os significados são considerados úteis para os propósitos vitais. Tem utilidade aquilo que possui sentido para esclarecer e enfrentar os problemas básicos da vida ou para ampliar os próprios horizontes intelectuais e emocionais. Adquirir conhecimento é ir estabelecendo uma rede de relações lógicas entre os significados de um campo do saber em torno de eixos de sentido. Estes agrupam os significados e os organizam em torno de modelos interpretativos.

Os significados construídos são representações mentais subjetivas da realidade em todas suas manifestações e, por isso, são sempre polissêmicos. Em parte, refletem a realidade e, em outra, o modo de ver do sujeito. Representam-na, ao mesmo tempo, a partir da perspectiva de quem elabora a representação e do ponto de vista de quem a interpreta. Os significados referem-se a todos os âmbitos do real, desde o físico ao espiritual, passando pelas emoções, pelos sentimentos e pelos valores. Portanto, a qualidade dos significados que os seres humanos adquirem, reinterpretam e manejam em sua vida pessoal e profissional é a chave para seu correto desenvolvimento. Essa qualidade dos significados – e, por conseguinte, do conhecimento – reside na consciência de sua origem histórica e social e na necessidade de sua valorização permanente com as evidências empíricas, o diálogo e a experimentação ou o contraste com a experiência (Pérez Gómez, 2007).

Se o ensino é pensado e projetado com o objetivo de ajudar a construir significados, a prática educacional não pode deixar de considerar o "como se aprende" como princípio central. Por isso, essa prática não deve nem pode se fundamentar unicamente no uso de ferramentas didáticas, mas no conhecimento profundo das diversas vias de aprendizagem que nossos alunos podem utilizar. Esse é o princípio que deve guiar os critérios para escolher estratégias e meios de ensino mais adequados nas situações de aprendizagem planejadas.

Aprende-se por imitação, observação e reprodução, mas também por experimentação, manipulação e descobrimento. Aqui, o componente da atividade e da iniciativa pessoal apresenta um elemento-chave para a construção progressiva da autonomia do indivíduo.

A comunicação é a grande via de aquisição de aprendizagem mediante a utilização da linguagem. Além do mais, é um processo permanente e ilimitado de intercâmbio de significados de todo tipo, no qual a linguagem permite construir e reestruturar na nossa mente o conhecimento, organizando-o em esquemas ou em torno de eixos de sentido. Mas, nem toda aprendizagem passa pela atividade e pela comunicação. É preciso considerar também a reflexão como um caminho significativo de aprendizagem, porque representa a possibilidade de tornar conscientes os significados graças a um movimento de introspecção. Nesse sentido, a reflexão requer, inevitavelmente, formação e hábito para poder ser realizada.

Também se constrói significados no território do inconsciente. Existe uma mobilização inconsciente que afeta nossas interpretações, desejos e condutas. Poucos duvidam de sua existência e sua importância, mas seu tratamento pedagógico é claramente escasso e insuficiente. A vida dos sonhos, as fantasias, os temores e o desconhecido habitam nosso inconsciente influenciando nossos pensamentos, sentimentos e ações. Tudo isso tem presença e representação no terreno da expressão artística, da mitologia e da literatura.

Diante dessas considerações sobre o "como se aprende", o desenvolvimento de competências básicas ajusta-se sobre os pilares dos enfoques construtivista e sociocultural. Isso representa uma série de mudanças na orientação dos processos de ensino-aprendizagem e na realização das estratégias metodológicas e dos recursos a serem utilizados.

Para essa base competencial, Pérez Gómez (2007) propõe uma série de orientações metodológicas destinadas ao desenvolvimento do processo de ensino-aprendizagem. Refere-se aos componentes que devem constituir as situações de aprendizagem e, ao mesmo tempo, a determinação do uso de estratégias didáticas e recursos facilitadores. Destaca a necessidade de priorizar nos alunos a reflexão e o pensamento crítico, assim como a aplicação do conhecimento frente à aprendizagem pela memória. Para ele, é necessário planejar diferentes situações de aprendizagem que ativem processos cognitivos variados. O autor propõe utilizar diferentes estratégias metodológicas e enfatizar a relevância do trabalho a partir de situações problema, porque o tratamento e o desenvolvimento dos objetivos e conteúdos curriculares deverão ser conduzidos de maneira contextualizada e por meio de metodologias que permitam conectá-los com a realidade. O autor também sublinha a importância de alternar diferentes tipos de ações, atividades e situações de aprendizagem, considerando as motivações e os interesses dos alunos. Essa variedade pode se realizar em ações como a elaboração de projetos e a organização do trabalho por eixos ou temas de interesse para resolver problemas cotidianos. Tais projetos devem ser delineados, provocados, guiados e reconduzidos pelos professores.

Nesse contexto, enquadra-se a necessidade de potencializar a aprendizagem pela pesquisa que proporciona o desenvolvimento da autonomia pessoal, além de uma aproximação aos procedimentos próprios do método científico. Nesse sentido, podem-se levar a cabo situações tais como a identificação e a caracterização de problemas, o estabelecimento de hipóteses e trabalhos múltiplos e variados de pesquisa.

O enfoque em competências requer, de maneira fundamental, potencializar a leitura e o tratamento da informação enquanto estratégias de aprendizagem. O aluno que lê, que pesquisa, que busca informação e a relaciona de forma crítica com outras informações procedentes de diferentes fontes é mais autônomo.

Ao mesmo tempo, é preciso incentivar o conhecimento que os alunos têm sobre sua própria aprendizagem, para que assim possam caracterizar seus próprios objetivos, organizar e planejar seu trabalho pessoal.

Também se deve promover um clima escolar de aceitação mútua e cooperação que incremente os grupos de estudo em sala de aula para potencializar o trabalho cooperativo, pois os alunos desenvolvem diferentes capacidades em função dos grupos de estudo nos quais se encontram.

É necessário organizar a sala de aula e as atividades de diferentes modos, de acordo com as atividades que forem realizadas.

O enfoque em competências requer também a seleção e o uso de grande variedade de materiais e recursos didáticos como aspecto essencial da metodologia. O livro didático não deveria se constituir no principal e único meio de ensino. É aqui que tem sentido a justificativa do uso da biblioteca escolar enquanto recurso educativo que dispõe de múltiplos materiais de qualidade: informativos e literários, impressos ou digitais.

Diante de todas essas considerações, é de vital importância que as equipes de professores realizem uma coordenação metodológica. Isso implica a necessidade de definir critérios metodológicos firmes e compartilhados por todos os professores, e reforçar a ação e a presença de núcleos de coordenação pedagógica. Diante dessa necessidade, adquire pleno sentido a função de apoio que o coordenador da biblioteca deve exercer em relação à vinculação do uso da biblioteca e de seus materiais, em nível metodológico, na realização de diversas situações de aprendizagem que exijam a interação com recursos e materiais.

RECURSOS E MEIOS DE ENSINO

O conceito de recurso educacional é bastante amplo, de tal modo que se refere aqueles componentes que agem no processo de ensino-aprendizagem com uma função de apoio aos métodos didáticos. Remete tanto a materiais físicos ou digitais quanto a ferramentas tecnológicas. Contribuem para a participação ativa dos alunos e são utilizados como elementos mediadores nesse processo.

Os recursos educacionais podem incidir de duas formas distintas: como um meio de apoio à metodologia que vai ser utilizada ou como um meio de transmissão de conteúdos. Nesse sentido, contextos de aprendizagem, como a internet e a biblioteca escolar, também podem ser incluídos sob esse conceito por sua função facilitadora e porque, guardadas as suas especificidades, contêm grande variedade de recursos e meios de ensino.

A biblioteca escolar, como contexto facilitador de aprendizagens, cumpre com o primeiro atributo mencionado em sua dimensão física, configura-se como um recurso educacional estável porque se apoia sobre uma estrutura organizacional fixa que está a disposição de exercer uma função contínua de apoio ao ensino.

A biblioteca escolar deve ser considerada como um contexto de aprendizagem e leitura que, ao mesmo tempo, se transforma em um ambiente facilitador de práticas leitoras e habilidades intelectuais. Nesse contexto, podem-se conduzir diversas possibilidades de interação comunicativa geradoras de aprendizagem com os recursos informativos e literários disponíveis. Estes são considerados meios de ensino, pois respondem à característica de serem meios de transmissão de conteúdos.

Area (2004) afirma que os meios de ensino são objetos físicos que veiculam informação codificada (mediante formas e sistemas de símbolos) e que proporcionam ao sujeito uma determinada experiência de aprendizagem.

De maneira tradicional, considera-se meio de ensino todo material ou recurso didático que tenha sido criado ou elaborado com essa intenção. Material curricular que representa um conjunto de meios, objetos e artefatos que são elaborados especificamente para facilitar o desenvolvimento de processos educacionais nas aulas. Mas também podem ser considerados meios de ensino outros materiais, como os recursos informativos, impressos ou digitais, ou as obras literárias, infantis e juvenis, por suas possibilidades de aplicação didática.

Nesses momentos, quando se fala de meios de ensino, vincula-se diretamente esse conceito aos meios relacionados com o uso das tecnologias digitais. É necessário imprimir um olhar mais amplo a esse aspecto e verificar a variedade existente de meios de ensino dentro de uma visão global. É preciso situá-los – tanto os que são digitais quanto os impressos – como elementos de apoio aos processos de ensino-aprendizagem, e determinar, sob esse aspecto, diversas categorias. A classificação deve ser conduzida não em função da tecnologia que a sustenta, mas da utilidade ou funcionalidade que podem desempenhar em situações concretas de aprendizagem.

A utilização dos recursos deverá dizer respeito a um motivo pedagógico e não tecnológico. Daqui deriva a necessidade de verificar, de maneira integrada e vinculada, o uso da biblioteca escolar e da internet na escola, bem como a complementaridade dos materiais e recursos específicos de que dispõe cada um desses contextos.

Uma classificação dos meios de ensino, para o esclarecimento de suas possibilidades didáticas, deve se fundamentar nos sistemas de comunicação que utilizam e na consideração das qualidades mais importantes que os caracterizam (Quadro 5.1).

Os sistemas de comunicação ou modos de comunicação a serem considerados são: a linguagem escrita, a visual, a sonora, a audiovisual e a multimídia. E as características ou qualidades que os fazem interessantes, do ponto de vista educacional, são: a interatividade, o caráter icônico e a sincronia.

A necessidade social na qual estamos imersos configura um contexto híbrido. Uma sociedade na qual a convivência de tecnologias e suportes evidenciará seu uso normalizado na complementaridade própria que caracteriza uma cultura multimodal.

Biblioteca escolar hoje **73**

Quadro 5.1 Classificação dos usos didáticos dos meios de ensino com relação às diferentes estratégias metodológicas vinculadas a situações de aprendizagem

ORIENTAÇÕES METODOLÓGICAS. APLICAÇÃO DIDÁTICA DOS RECURSOS EM DIVERSAS SITUAÇÕES DE APRENDIZAGEM			
Conceito e funções			
• Atuam no processo de ensino e aprendizagem com uma função de apoio às metodologias didáticas. • São utilizados como elementos mediadores do processo de ensino-aprendizagem. • Fazem referência tanto a materiais (físicos ou digitais) quanto a ferramentas tecnológicas (tradicionais ou digitais). • Contribuem para a participação ativa dos alunos.			
Potencialidade didática			
Materiais e ferramentas utilizados com intenção didática, vinculados a estratégias metodológicas baseadas na interação comunicativa (acesso, tratamento e transmissão da informação).			
	1	2	3	4
Usos didáticos (aplicação)	• Como meios de apoio às exposições do professor.	• Como meios de reforço da ação do professor.	• Como meios de acessar e de tratar a informação de maneira presencial ou a distância.	• Como meios para criar e comunicar conteúdos de maneira pessoal ou colaborativa.
Estratégias metodológicas	• Estratégias que promovem uma aprendizagem por observação com a apresentação de modelos e informações.	• Estratégias que promovem uma aprendizagem didática e por manipulação pessoal.	• Estratégias que promovem uma aprendizagem por experimentação, descobertas e pesquisa por meio da transformação da informação em conhecimento. • Estratégias que promovem uma aprendizagem cooperativa em grupos ou duplas.	
Situações de aprendizagem	• Exposições e apresentações.	• Atividades de autoaprendizagem. • Atividades de atendimento à diversidade dos alunos.	• Tarefas de resolução de problemas. • Trabalhos de pesquisa. • Trabalhos por projetos. • Projetos interdisciplinares.	
Exemplos	• Apresentações multimídia. • Sessões de audiovisuais. • Consultas à internet. • Consulta a uma obra de referência: dicionário, enciclopédia ou atlas. • Leitura em voz alta de fragmento de uma obra literária. • Narração de um conto ou relato.	• Materiais curriculares multimídia com atividades interativas. • Aplicações que permitem realizar exercícios. • Aplicações que permitem realizar simulações. • Tutoriais de auto aprendizagem. • Obras literárias.	• Materiais didáticos que propõem situações de aprendizagem por intermédio de pesquisas: questionários em rede e buscas guiadas. • Ferramentas e recursos para acessar a informação: buscadores de internet, catálogos de bibliotecas, diretórios de recursos digitais (ex: bibliotecas digitais, etc.). • Recursos informativos: digitais e impressos, textuais e audiovisuais (livros, *sites*, revistas, livros digitais). • Ferramentas e recursos para tratar a informação: aplicações para o tratamento de textos, tratamento de imagens e vídeos... • Ferramentas e recursos para a transmissão da informação: ferramentas 2.0, apresentações multimídia...	

No que se refere à função que os meios de ensino podem exercer em situações concretas de aprendizagem, cabe destacar seu uso como formas de apoio à exposição oral, como substituição ou reforço da ação do professor e como meios de informação contínua presencial ou à distância.

Também é importante considerar que, do ponto de vista ideológico, meios e tecnologias não são neutros nem nos valores que transmitem nem nas implicações sociais e de interação pessoal que seu uso produz. Não são um mero veículo transmissor de ideias que refletem de forma neutra e fiel a realidade. Mas que oferecem uma representação do conhecimento e da cultura.

Se considerarmos os meios como ferramentas para a comunicação social, os alunos também devem utilizá-los para poder expressar e comunicar suas próprias ideias, valores e sentimentos. É preciso oferecer experiências que apresentem oportunidades para a utilização dos diversos tipos de meios como recursos expressivos e de interação comunicativa.

Os processos de ensino e aprendizagem requerem poder dispor de um repertório amplo de materiais e recursos. No entanto, o que pode realmente favorecer e melhorar esses processos é a existência de ambientes ricos culturalmente que disponham de recursos informativos e literários de forma permanente. Nesse sentido, a estrutura organizacional estável que forma a biblioteca como um centro de recursos pode exercer, na escola, uma importante função de apoio à prática educacional. Além disso, pode facilitar o acesso a determinados materiais e recursos que já foram selecionados por sua qualidade e sua idoneidade educacional. É preciso considerar que os recursos, embora importantes, não modificam por si mesmos a prática educativa, já que não geram conhecimento, mas os facilitam. Adquirem realmente toda sua potencialidade se são articulados em estratégias metodológicas baseadas na interação comunicativa.

Requer-se um especialista em meios e recursos que facilite e apoie os professores em tudo o que se refere à seleção e ao uso dos meios de ensino. O coordenador da biblioteca, de maneira conjunta com o coordenador TIC da escola pode desempenhar uma função de apoio relevante em relação a essa questão. Assim, é possível considerar como uma das funções da biblioteca escolar o exercício de agente pedagógico que apoia a prática educacional nesse aspecto.

6

Substância educacional e currículo

conteúdos educacionais vinculados à biblioteca escolar

COMPETÊNCIA LEITORA E HÁBITOS DE LEITURA

O fomento da leitura é uma atividade educacional que deve ser levado a cabo partindo do desenvolvimento funcional da leitura como chave que abre a porta para a aprendizagem e para a aquisição de hábitos leitores.

O desenvolvimento da competência leitora pretende garantir ótimos níveis funcionais de leitura. Pois a funcionalidade e os hábitos leitores são duas vertentes da leitura que estão muito relacionadas já que, sem níveis ótimos de competência leitora, é impossível consolidar tais hábitos ou desenvolver mentes curiosas que desejem investigar e informar-se.

Ao mesmo tempo, toda a ação de promoção da leitura não pode esquecer que a leitura deve ter uma função vital e social, e não unicamente cultural. Não se trata de incentivar somente uma leitura estética e uma mente culta, plena de conhecimentos. Como indica Marina e Ivalgoman (2005), trata-se de incentivar o desenvolvimento de uma inteligência leitora, ferramenta que pode permitir aos alunos dispor de recursos intelectuais para a aprendizagem e para seu desenvolvimento pessoal e social.

Essa perspectiva de leitura e escrita como prática social corresponde a um enfoque sociocultural da leitura uma dimensão vinculada ao que as pessoas fazem com os textos em atividades sociais. As práticas leitoras não são fins em si mesmos, mas formas de obter objetivos sociais. É preciso situar a leitura em contextos determinados e motivações de uso, pois os textos se inserem nas práticas da vida.

A leitura e a escrita não podem ser reduzidas a um conjunto de habilidades cognitivas de compreensão ou linguísticas de codificação e decodificação. Essas práticas não são apenas tarefas linguísticas ou processos psicológicos, mas representam também atividades socioculturais.

Cassany (2006) assinala que as três perspectivas não são excludentes: a proposta linguística, a psicolinguística e a sociocultural. A leitura é baseada em um código linguístico que requer processos cognitivos e que é usada socialmente em comunidades culturais. Nada disso é dispensável. As propostas didáticas oriundas de cada olhar não são contraditórias, é preciso combinar as três em uma prática integradora.

Na escola é preciso ler, mas também se deve buscar que as crianças e os adolescentes desenvolvam habilidades intelectuais ou cognitivas que permitam exercitar o pensamento. Isso ("aprender a pensar") está vinculado, de modo intrínseco, ao desenvolvimento da linguagem e à prática da leitura. A linguagem não é apenas um meio para que nos comuniquemos com as outras pessoas, mas também é um meio para a comunicação com nós mesmos. O uso que realizamos da linguagem com a leitura e com a escrita ajuda a desenvolver o pensamento. Esse é um dado que não pode ser menosprezado.

Dewey (2008) dizia que "a educação consiste na formação de hábitos de pensamento vigilantes, cuidadosos e rigorosos". O desenvolvimento do pensamento é crucial, já que é ele que realiza a construção de significados e que também desperta as habilidades intelectuais necessárias ao gozo das emoções ou à realização de interpretações críticas.

No que se refere às práticas leitoras, podemos considerá-las como o exercício contínuo no acesso a discursos que apresentam conteúdos, e esse acesso se dá por meio da compreensão e da construção de significados. Os conteúdos podem ser informativos, com interpretações ou representações da realidade, ou de ficção, mas, definitivamente, não deixam de ser conteúdos que se deve compreender e interpretar.

A leitura poder ser, desse modo, literária ou informativa no formato textual ou incluso em hipertexto, em sequência não linear e acessível indistintamente por meio de suporte impresso ou digital. É evidente que, na atualidade, são múltiplos os caminhos que levam à leitura e múltiplas também suas possibilidades e, consequentemente, suas práticas.

Neste contexto, é imprescindível uma visão mais ampla que expanda o conceito de leitura, não a limitando ao suporte impresso e ao âmbito literário. Trata-se da chamada "leitura multimodal", um conceito que soma novos elementos e permite a consideração de novas dimensões.

Desse modo, as práticas leitoras que queremos desenvolver na escola serão variadas no que se refere a uma diversidade de textos e gêneros que se relacionam à variedade de situações comunicacionais existentes. É preciso adequar estratégias de leitura, diversidade de situações, usos e tipos de textos. É necessário construir um repertório de práticas leitoras que capacite o aluno para a utilização de textos em diferentes níveis e propósitos (Solé, 2007).

O relatório PISA (2007), como também o relatório PIRLS (*Progress in International Reading Literacy Study*) (2007), destaca cinco processos que, de menor a maior grau de rendimento, constituiriam a base da plena compreensão de um texto: obtenção da informação, compreensão geral, elaboração de uma interpretação, reflexão e valorização do conteúdo textual e também de sua forma.

Mas a competência leitora deve ser amparada por habilidades que não apenas sirvam para a obtenção de dados de um texto, mas que também possam ativar e relacionar conhecimentos sobre seu conteúdo e sua estrutura. O que as sucessivas avaliações vêm mostrando é que essas duas últimas habilidades mencionadas – refletir e avaliar criticamente o conteúdo e a forma de um texto – não estão suficientemente desenvolvidas.

Se quisermos que, com a leitura, os alunos transcendam a decodificação e a compreensão literal, deve-se conduzir, nas salas de aula, uma tipologia variada de práticas leitoras. Isso é algo o qual nem sempre se considera nas escolas e que é preciso desenvolver de forma sistemática.

Diversos autores, como Wells (1987), coincidem em especificar quatro tipos de práticas leitoras: a decodificação, a compreensão do significado, o uso de variedade de textos e a leitura crítica. São diferentes níveis implicados na aprendizagem da leitura em que cada um se inclui no seguinte até sua integração em um quarto nível, que é o mais complexo e o que requer o exercício do pensamento reflexivo.

Essa articulação é adequada para inspirar as atividades escolares, porque cria um elevado número de oportunidades leitoras, de situações concretas para utilizar a leitura com propósitos diversos e em contextos distintos (Colomer; Camps, 1996). Para isso, é preciso conhecer que habilidades e estratégias estão implicadas na competência leitora e quais são os auxílios que devemos proporcionar para que essas habilidades se desenvolvam. É necessário determinar finalidades concretas e situações específicas de leitura, pois o leitor deve ter um objetivo a alcançar com a leitura.

A diversidade de objetivos na leitura implica o trabalho com uma variedade de gêneros textuais usados nos diferentes contextos da atividade pessoal ou pública das pessoas. Tudo isso mostra e argumenta no sentido de que o ensino da leitura seja integrado com todas as áreas curriculares e, ao longo das diferentes etapas educativas, com uma intervenção explicitamente dirigida na qual o leitor aprendiz possa encontrar o apoio contínuo de seu professor.

Os alunos devem estar acompanhados na realização das tarefas de leitura e deverão ser autônomos de forma progressiva. Ler deve ter sentido para os alunos. A leitura não se faz – ou não se deveria fazer – no vazio, tem de ser conduzida com um propósito para obter alguma finalidade. Na aula, é necessário realizar intervenções de leitura – intervir externamente com um apoio inicial que convém ser, ao longo do percurso, reduzido para permitir que a motivação da leitura seja gerada pelo próprio leitor.

Nas conclusões do recente Congresso Nacional LEER.ES (2009), conduzido pelo Ministério da Educação da Espanha com a participação de diversos especialistas no campo da leitura, o desenvolvimento de planos leitores e bibliotecas escolares é enfatizado na consideração de que a competência leitora é uma competência complexa, que requer esforço sustentado e um longo processo de aprendizagem até conseguir o grau de domínio considerado indispensável.

Ao mesmo tempo, verifica-se que as avaliações que se tem feito das competências leitoras de nossos estudantes apoiam a ideia de que o nível dessa capacidade não é de todo satisfatório. Por isso, é preciso adotar medidas de envergadura sustentadas ao longo do tempo. Com referência a esse aspecto, as conclusões do congresso determinam:

> considera-se que a medida mais simples e acessível é insistir e aprofundar-se em atuações que já vem sendo desenvolvidas, como os planos de promoção da leitura e o papel das bibliotecas escolares que proporcionam uma base às escolas e a outros agentes sociais. Seu objetivo prioritário deverá aumentar o peso da leitura em todas as áreas e matérias do currículo.

Nas escolas, o trabalho principal não é simplesmente promover ou fomentar a leitura. Este é um objetivo crucial que a escola compartilha com outros agentes da sociedade. Mas, neste caso, é preciso promover a leitura através de sua prática. Trata-se de iniciar e estabelecer a prática da leitura. É preciso provocar a vontade de ler em nossos alunos e dar-lhes tempo, materiais e espaços para isso de maneira sistemática para poderem estabelecer hábitos leitores.

Nesse aspecto, é preciso determinar que a biblioteca escolar, constituída como um ambiente de aprendizagem e leitura, pode ser utilizada como um recurso educacional útil para desenvolver e alcançar estes objetivos.

EXPERIÊNCIA E FORMAÇÃO LITERÁRIA

Literatura e experiência literária

A presença da literatura nas aulas está plena de sentido, e são diversas as considerações que ela merece. Sua razão de ser não está vinculada unicamente ao ensino do *corpus* literário, mas também à experiência literária e à formação do leitor.

A literatura como meio de conhecimento e instrumento de educação sempre esteve relacionada com a necessidade de transmitir uma identidade cultural para conhecer o espírito de uma época, um país ou um grupo social.

Também é preciso verificar o componente lúdico da literatura como meio de entretenimento e de acesso à beleza em sua consideração estética. Em alguns casos, a literatura permite o jogo com a linguagem, com suas sonoridades, eufonias e possibilidades rítmicas e, em outros, facilita o desfrute da originalidade do estilo e o exercício criativo e prazeroso. Diversos autores afirmam a necessidade de ressaltar também outras justificativas para o ensino e para a presença da literatura nas aulas. Considera-se que a literatura é um instrumento privilegiado de reflexão ética sobre a existência humana e sobre os conflitos sociais, já que muitas obras literárias foram escritas como respostas à vida.

Ao diferenciar de outras linguagens abstratas, os relatos oferecem uma linguagem transparente e inclusiva pelo que a leitura literária pode ser, assim, conceituada como um modo de observar o mundo e de interpretá-lo. Nesse sentido, a literatura entra no terreno do pessoal, conectada com um desejo interior de busca do aprazível e bom, da beleza e da verdade, convertendo-se, desse modo, em uma experiência de vida.

Como afirma Mata (2004)

> a literatura medeia o mundo íntimo do leitor e o mundo exterior e nos instrui na virtude iluminadora do símbolo, da metáfora e do mito. A apropriação dessa experiência gratuita e livre pode determinar o conhecimento e a orientação da própria vida. Esse é o grande poder da litertaura.

Por isso, é primordial dar a nossos alunos razões e exemplos que avalizem e incitem seu desejo de ler literatura. Não basta apenas ensinar literatura. É incoerente defender a leitura sem antes, ou simultaneamente, não lhe atribuímos um claro porquê estético, prazeroso ou lúdico, mas sobretudo, como fonte de conhecimento para compreender as grandezas e as misérias da condição humana.

É necessário voltar a fazer um elogio à literatura, porque embora ela tenha perdido seu lugar privilegiado e seu moderado prestígio, isso não significa que não possa recuperar o protagonismo que merece (Compagnon, 2008).

A literatura contribui para o desenvolvimento da personalidade e, em consequência, é chave para a educação emocional. A leitura literária favorece a formação de uma personalidade independente mas, ao mesmo tempo, aberta para o mundo. A literatura desconcerta mais que os discursos filosóficos, sociológicos ou psicológicos porque se dirige às emoções e à empatia. Desse modo, percorre regiões da experiência que os outros discursos não alcançam. A literatura, ao exemplificar, procura um conhecimento diferente do erudito e se mostra mais capaz que este no momento de esclarecer os comportamentos e as motivações humanas.

Para a educação das novas gerações, devem-se valorizar as virtudes pedagógicas presentes na literatura. É necessária, para o que Morin (1999) denomina a ética da compreensão humana, uma educação que privilegie a compreensão. Esta é uma necessidade inadiável da era global na qual nos encontramos. A literatura é um instrumento muito valioso para isso, já que conduz à introspecção, à autorreflexão permanente e ao autoconhecimento. E nesse sentido, o conhecimento de um é condição importante para a compreensão do outro.

A arte e a literatura ajudam o homem a pensar convenientemente, facilitam o entendimento das condições em que é produzido o comportamento humano, bem como o aprender, em seu conjunto, o texto e o contexto, o ambiente social e o natural, o local e o global e o multidimensional. E, nesse sentido, a literatura e as obras de arte, em geral, têm uma dimensão que as caracteriza como fontes de conhecimento por sua capacidade de penetrar a realidade, desentranhá-la, apreendê-la e recriá-la.

Educação ou formação literária

A educação literária exige outros caminhos que os habitualmente utilizados. É necessária uma alternativa à transmissão enciclopédica da história literária e à realização de atividades lúdicas de animação leitora sem amparo educacional.

Atualmente, não existe ainda um acordo generalizado sobre os métodos pedagógicos mais adequados para aproximar as obras literárias, da infância e da juventude. Urge projetar coordenadas comuns para a educação literária e elaborar propostas didáticas que facilitem essa tarefa.

É preciso estabelecer prioridades e antepor a leitura emocional e a análise ética de um texto à interpretação erudita. Isso não subestima a literatura, mas, ao contrário, exalta-a, já que toda leitura deve fazer-se desde e para a vida. Como afirma Mata (2004), "a literatura não foi inventada para justificar exercícios escolares, mas sim para falar dos seres humanos e para recriar o mundo".

O conhecimento científico literário é mais exequível a partir desta experiência pessoal. Este desenvolvimento deveria levar em conta que a finalidade de toda a pedagogia literária é iniciar a ler. Neste aspecto, tudo o que se ensina deve contribuir para uma mais profunda interpretação dos textos com o objetivo de que se leia melhor. Para isso, se deveria considerar que a norma literária não é inamovível e que é preciso adequá-lo (Jover, 2007).

Segundo diversos autores, os desafios que a escola deve assumir em relação à educação literária são três: ensinar a ler os textos literários, criar hábitos leitores e transmitir um imaginário coletivo.

Para desconectar os conteúdos educacionais da educação literária, configuram-se dois campos de ação: em primeiro lugar, o ensino do texto literário que implica processos adequados de mediação e o acesso a bons textos. Em segundo lugar, a formação ou o desenvolvimento de um leitor de literatura, competente e autônomo ao longo de toda a sua vida. Essas duas áreas de ação educacional requerem, de maneira implícita, a criação de contextos de leitura nas escolas para poder aproximar os usos escolares da leitura a seus usos sociais.

O ensino da leitura literária constitui os conteúdos específicos da educação literária. Para isso, é preciso oferecer textos de qualidade que permitam diferentes níveis de leitura. Ensinar a ler textos literários implica que essa educação deve ser entendida como uma mediação. Em primeiro lugar, deve desativar resistências e, posteriormente, tornar possível que os alunos tenham acesso à leitura de livros cada vez mais complexos, como aponta Jovir (2009):

> Isso requer uma intervenção educacional delicada. É necessário intervir no processo leitor, desenvolvendo as habilidades que cada leitura exige. Necessitamos poder conciliar as solicitações do grupo-classe e os de cada leitor individual.

Para tal finalidade é preciso estabelecer itinerários leitores suficientemente flexíveis para propiciar a leitura compartilhada de algumas obras nas aulas e, ao mesmo tempo, possibilitar que cada aluno construa seu próprio itinerário de leitura. Porque a prioridade é criar consciência de leitor, promover a curiosidade intelectual, o entusiasmo e a vontade de saber e conhecer.

Uma coisa é saber ler e outra é ser leitor. É óbvio que a primeira habilidade é um requisito para a segunda, mas da aprendizagem da leitura não se infere, necessariamente, a condição de leitor – e menos ainda a de leitor literário (Mata, 2004).

Aprender a ler e a escrever é algo pessoal que se realiza em um contexto social que o provoca ou o obstrui. Assim, o desenvolvimento intelectual de uma criança está relacionado diretamente com a diversidade de experiências que ela vivencie. A boa atividade pedagógica deve consistir, basicamente, em oferecer atividades de aprendizagem acessíveis a uma criança ou a um jovem, e que sejam aptas para avivar sua curiosidade e inteligência.

Iniciar e consolidar processos leitores é uma necessidade. São eles que podem formar o leitor literário. É necessário ler às crianças ou dar-lhes livros que possam ler quando estão sozinhos. Mas que livros formam leitores? Quais deles devem prevalecer nas aulas? Como conciliar as leituras espontâneas dos alunos com os textos reguladores que o sistema escolar impõe?

Como indica Moure (2008),

> a escola tem a responsabilidade de fazer as crianças experimentarem o sabor da autêntica literatura, a que alimenta o pensamento e a capacidade crítica. Será difícil que cheguem a ela se seguirmos dando-lhes livros prontos.

Cabe considerar que o desejo de ler germina ao mesmo tempo em que o desejo de escrever. A escrita não é uma simples transposição da língua oral, de maneira que as convenções da língua escrita não se pode adquirir de forma totalmente espontânea. Seu domínio requer atividades específicas de aprendizagem e um longo treinamento. Entender esse processo permitirá aos alunos considerar a escrita como uma atividade plenamente criadora (Mata, 2004).

Contextos ou ambientes leitores

A educação literária traz consigo a necessidade de criar, de forma permanente, uma situação favorável à experiência vital da literatura. Mas muitas práticas e tons de seu ensinamento têm, justamente, o efeito contrário. Isso leva o aluno a considerar a literatura como matéria acadêmica e longe de suas próprias preocupações e necessidades, como indica García Guerreo (1999).

> não há métodos para fomentar a leitura, a não ser a disponibilidade permanente à aventura da experimentação: um contínuo ambiente de vivências, experiências, interações, ação e reflexão. Definitivamente, oportunidades leitoras, sem cair na receita fácil, na atividade pela atividade.

É preciso favorecer vivências e experiências de leitura, encontros contínuos e permanentes com toda classe de textos. Isso requer condições específicas. Cabe considerar, entre outras, a possibilidade de encontrar, na escola, variedade de gêneros literários e suportes, obter assessoramento nas leituras, ter oportunidades de compartilhar textos lidos com outros ou utilizar de modo autônomo os serviços da biblioteca. Nesse contexto, a animação para ler deveria ser, diante de tudo isso, um modo de dar oportunidades, de permitir que os livros estejam sempre ao alcance das mãos. Deve-se estimular que os livros cheguem a nossos alunos. Não há melhor maneira de fomentar a leitura que organizando a aprendizagem, de modo que as obras literárias se tornem imprescindíveis junto com a utilização da biblioteca vinculada ao trabalho realizado em aula.

O fomento à leitura é uma atividade de mediação entre livros e crianças ou adolescentes. Trata-se de realizar atividades que incentivem a ler e expandam a leitura. Devemos diferenciar práticas que incentivam à leitura, persuadam, impulsionem e abram caminhos de práticas que incentivam uma leitura, que a ramificam e a vinculam a outras experiências (Mata, 2008).

Tudo isso não deve centrar-se na aquisição das habilidades de leitura que obviamente são trabalhadas, mas senão em cultivar e afirmar a experiência leitora. Toda atividade de promoção da leitura deveria colocar o leitor no centro do processo do ato de ler, porque deve ser ele mesmo aquele quem marca e empreende seu próprio caminho. Para isso, a escola deve oferecer oportunidades de exploração e escolhas pessoais de textos e obras literárias, com a finalidade de auxiliar os alunos a desenvolver seu próprio percurso como leitor. Nesse sentido, a existência da biblioteca escolar é uma estrutura organizacional, estável, que garante as oportunidades de leitura. Sua contribuição é relevante porque, graças à atividade que facilita, nela se gera um ambiente de leitura e escrita dentro da escola. Uma atmosfera ou clima escolar que rodeia, ao mesmo tempo, as atividades planejadas e a realidade cotidiana da escola. Esse componente tem um valor educacional considerável, já que traz consigo hábitos e aprendizagens pessoais de grande importância.

COMPETÊNCIA INFORMACIONAL

Conceito e marco teórico

Dentro do novo enfoque curricular, aparece a necessidade de articular o ensino e a aprendizagem da competência informacional vinculada à cultura digital. É preciso desenvolver um marco teórico e outro de aplicação prática para o seu desenvolvimento, que se articule sob a concepção de que a competência leitora e o pensamento reflexivo são o eixo central da gestão da informação. Assim, a formulação dessa competência não pode ser unicamente tecnológica, nem deve se articular a partir do conceito de cultura digital. As ferramentas são meios para a gestão da informação em todas as suas fases, de acesso, tratamento e comunicação.

O conceito de *competência informacional* põe a relevância nos processos de gestão da informação e não no uso das ferramentas. Nasce da necessidade de encontrar um termo específico para denominar o ensino e a aprendizagem de conceitos, habilidades e atitudes relacionadas ao uso da informação. Tudo isso integrando diferentes linguagens e suportes comunicativos e implicando todos os processos que tenham lugar para a transformação da informação em conhecimento pessoal.

O termo *competência informacional* é relativamente recente, mas o trabalho educativo a que se refere não. Na escola, há muitos anos, tem se desenvolvido atividades de busca de informação, educação documental e formação de usuários, relacionados, em alguns casos, com a biblioteca e, em outros, não.

Ao mesmo tempo, vinculado ao âmbito de estratégias de aprendizagem, sempre foi considerado importante o desenvolvimento de técnicas de tratamento da informação, ensinando os alunos a extrair as ideias fundamentais de um texto, a fazer resumos, esquemas e mapas conceituais. De modo que, trabalhar com a informação, buscá-la, tratá-la e comunicá-la vincula-se a processos que sempre fizeram parte dos objetivos próprios da escola, relacionados com a aplicação de estratégias de aprendizagem, o trabalho da competência leitora e o desenvolvimento do pensamento reflexivo.

A competência informacional não representa unicamente aprender a acessar a informação, mas supõe, desde um ponto de vista genérico, aprender a pensar, e de uma ótica mais concreta, permite o desenvolvimento de múltiplas habilidades que balizam a aprendizagem de habilidades não somente documentais e tecnológicas como também linguísticas e cognitivas.

No currículo de educação obrigatória, determina-se "a competência no tratamento da informação e competência digital como uma das oito competências básicas imprescindíveis para o desenvolvimento pessoal e social dos estudantes. Ao mesmo tempo, no artigo XXIII, da LOE (2006), especifica-se como objetivo "desenvolver habilidades básicas na utilização das fontes de informação para, com sentido crítico, adquirir novos conhecimentos. Adquirir uma preparação básica no campo das tecnologias, especialmente, as da informação e da comunicação."

O desenvolvimento das habilidades informacionais no contexto escolar está intimamente relacionado ao conceito das "multialfabetizações". Como apontam Area, Gros e Narzal (2008), a alfabetização no século XXI não pode ser entendida se não for relacionada com uma aprendizagem múltipla, global e integrada das diferentes formas e linguagens de representação e de comunicação (textuais, sonoras, icônicas, audiovisuais e hipertextuais), mediadas por tecnologias específicas, tradicionais ou digitais.

O enfoque em competências do currículo representa planejar, além da aquisição de determinados conhecimentos e habilidades, sua aplicação em situações da vida cotidiana. Também implica a capacidade para utilizá-los de maneira transversal em contextos e situações complexas que requeiram a intervenção de conhecimentos vinculados a diferentes disciplinas. Nesse sentido, aprender a pesquisar e se informar é uma tarefa que deve ser incentivada e ensinada em todas as áreas curriculares, de maneira estratégica e corresponsabilidade.

Como podemos realizar a aprendizagem de atividades de acesso e uso da informação em relação ao currículo das diferentes áreas? A chave está em visualizar os diferente elementos que constituem a competência informacional já presentes no currículo como conteúdos procedimentais: as habilidades documentais, as habilidades linguísticas e comunicativas, as habilidades cognitivas e metacognitivas e as habilidades tecnológicas.

Todas essas habilidades inter-relacionadas, são elementos que atuam integrados em torno dos dois eixos significativos que se retroalimentam: o uso da linguagem e o uso do pensamento. A linguagem é a ferramenta fundamental no desenvolvimento e na estruturação do pensamento, e ler e escrever são os elementos-chave para o tratamento da informação, já que potencializam o uso reflexivo de todos os tipos de linguagens.

A partir dessa análise, os conteúdos devem ser estruturados dentro de um modelo que permita programar atividades concretas de maneira sistemática e progressiva. Sem uma base teórica, os programas podem ser incompletos ou ineficazes. E sem um modelo de aplicação, a aprendizagem, em sua prática, pode ser isolada e arbitrária.

Existem diferentes propostas e modelos desenvolvidos a partir dos estudos em Biblioteconomia que podem servir de ponto de partida para desenvolver a competência informacional no contexto escolar. É preciso harmonizar estas normas e orientações que resultam, em um primeiro momento, muito genéricas para delimitar os objetivos de aprendizagem na escola.

A seguir, apresenta-se o modelo específico em sintonia com as normas internacionais existentes, que pode se configurar como um guia para articular o desenvolvimento da competência no contexto escolar. Sua finalidade é facilitar o planejamento de um programa sistemático e globalizado nas escolas que possa ser realizado nas diferentes etapas da educação obrigatória.

Âmbitos da competência informacional

Distinguimos três âmbitos dentro da competência informacional: a busca e a recuperação da informação, o tratamento e a comunicação (Durban, 2007).

No âmbito de busca e recuperação da informação, em primeiro lugar, é preciso destacar a necessidade de trabalhar hábitos de consulta que facilitem para os alunos a identificação de suas necessidades informacionais e o conhecimento dos recursos mais idôneos para satisfazê-las.

As habilidades que devem ser desenvolvidas nessa fase inicial consistem em identificar o problema ou a necessidade informacional, determinar o seu alcance e definir duas características. Nesse processo, é preciso encontrar as palavras-chave mais idôneas e explicitar as finalidades da busca. É primordial que os alunos saibam reconhecer os recursos disponíveis, impressos ou digitais, que tem à sua disposição. Eles devem familiarizar-se com as diferentes fontes de informação e compreender a utilidade e a aplicação dos diversos formatos e suportes existentes. Também vale diferenciar os diferentes tipos de recursos para compreender suas características e a forma específica para acessá-los. Todas essas habilidades, prévias à busca propriamente dita, são imprescindíveis se quisermos que os alunos sejam capazes de selecionar os recursos mais adequados de acordo com os questionamentos mais reais que tenham.

Na busca, é preciso diferenciar duas fases. Em primeiro lugar, a localização da informação, que representa saber planejar e projetar estratégias, identificar diferentes ferramentas de busca e saber aplicar as estratégias projetadas. E, em segundo lugar, a seleção e a recuperação, em que é preciso saber aplicar critérios de qualidade, comparar informações, identificar excessos, escolher documentos úteis, fazer armazenamentos provisórios e avaliar o processo.

Neste contexto da competência informacional, a biblioteca escolar deve dispor de materiais e recursos que favoreçam qualquer indagação ou busca de informação. Sua principal função é a de gerenciar os materiais disponíveis, assegurar sua existência e permitir sua disponibilidade *in loco*, presencialmente ou *on-line*. E em aula se estabelece a tradicional formação de usuários. Essas atividades podem continuar sendo realizadas, mas planejadas como um treinamento de base nos hábitos de consulta. Em seu desenvolvimento, é necessário procurar sua máxima contextualização e as orientações do enfoque competencial que exige uma maior funcionalidade da aprendizagem.

O contexto do tratamento da informação centra-se em dois aspectos principais: compreensão e interpretação de informações relevantes e manipulação de conteúdos. No primeiro aspecto, é preciso analisar e escolher a informação selecionada e estruturar as ideias. É fundamental segmentar e estabelecer relações hierárquicas e associativas e ordenar e classificar a informação selecionada. A manipulação dos conteúdos incorporará o tratamento textual com as ferramentas TIC, e exigirá habilidades como o uso de armazenamento específico, a seleção de problemas informáticos e as representações sintéticas com esquemas e tabelas. Por fim, os alunos estarão em condições de transformar a informação em conhecimento pessoal. Mas, para conseguir isso, é preciso integrar a informação recolhida das fontes selecionadas, estabelecendo conexões com os conhecimentos prévios, fazer inferências, formular conclusões e elaborar uma nova informação.

Nesse contexto, a competência leitora e a informacional são a mesma coisa, já que essas habilidades formam o núcleo central da primeira e constituem a base da aprendizagem de modo geral.

No âmbito da comunicação da informação, cabe destacar dois aspectos: de um lado, a composição de textos próprios das diferentes matérias curriculares, de outro, as formas de compartilhar e aplicar o conhecimento elaborado.

A composição de textos pode ser segmentada em outras habilidades. A primeira é o agir com ética na utilização da informação e citar adequadamente as fontes utilizadas, respeitando a privacidade e a segurança da informação. A segunda determina a identificação de valores e crenças com a finalidade de reconhecer implicações e respeitar a diversidade. O terceiro aspecto responde ao tratamento do texto com as TIC, em que é fundamental saber escolher o formato e o suporte mais adequado de acordo com a finalidade, incorporando princípios básicos de um projeto. Por fim, no que se refere a compartilhar e aplicar o conhecimento, é preciso fazer com que o documento final seja coerente e não incorpore pontos de vista opostos ou incoerentes.

Nesse âmbito de atuação, é imprescindível situar a competência informacional em contextos que tenham como ponto de partida necessidades reais e significativas de informação. No entanto, não se pode ignorar que aprender a pesquisar e a se informar requer a ativação da motivação e da criatividade. Este é um aspecto fundamental.

É preciso ativar a curiosidade, a capacidade de detectar problemas, a tendência a explorá-los mediante planos de atuação dirigidos a contrastar suposições e prognósticos. É necessário transmitir um deslumbramento pela aprendizagem, o sentido do descobrimento e da aventura, para incentivar o hábito de pesquisa e a criatividade. E o elemento mais importante, nesse processo, é o apoio e a ação educativa do professor como guia e mediador.

É necessário tornar visíveis aquelas metodologias de aprendizagem mais coerentes com as finalidades e os objetivos perseguidos. Nesse sentido, pode-se destacar como mais idôneos os enfoques pedagógicos integrados, cooperativos, práticos, comunicativos que favoreçam a formação de leitores competentes capazes de compreender, analisar e interpretar uma diversidade de situações comunicativas.

A integração de habilidades informacionais no currículo concorre porque sua prática está integrada nos processos educacionais e não na realização de atividades isoladas na biblioteca. Somente assim essas habilidades serão relevantes para os alunos. É preciso estabelecer vínculos entre as habilidades em cada área curricular para que elas sejam apreendidas de forma significativa como parte do processo de aprendizagem.

Essa perspectiva didática encontra na biblioteca, planejada como ambiente de aprendizagem e leitura, um recurso educacional de grande potencialidade pedagógica. No contexto escolar, tanto a biblioteca quanto a internet representam as duas ferramentas mais importantes, os dois contextos ou espaços diferenciados da sala de aula, nos quais podemos interagir com a informação.

A biblioteca, com suas múltiplas possibilidades de uso da informação em diferentes formatos e suportes, poderá se estabelecer como uma biblioteca híbrida, textual, audiovisual e digital. Desta maneira, poderá se tornar o centro nevrálgico de informação dentro da escola e favorecer a criação de um ambiente de leitura e de pesquisa.

7

Função de apoio à prática docente

a biblioteca no âmbito do planejamento e da organização escolar

INCENTIVO A PROCESSOS CONCRETOS DE MELHORIA DO ENSINO

A implementação da biblioteca escolar deve ser conceituada como uma estratégia, projetada e incentivada pela administração educacional e pelas equipes diretoras, para incentivar e dar apoio, de maneira contínuas, a processos concretos de melhoria do ensino que estejam sendo desenvolvidos nas escolas.

A biblioteca escolar precisa desempenhar essa importante função, pois é o que lhe dá sentido e fundamenta sua existência. Se tal tarefa é tão-somente realizada de maneira pontual, sem sistematização, e se a existência da biblioteca está vinculada apenas aos materiais que proporciona como centro de recursos, em pouco tempo, diante do novo paradigma representado pela cultura digital, poderemos prescindir dela. Urge incidir em sua dimensão de agente pedagógico que atua de maneira interdisciplinar com uma função de apoio.

O que realmente confere potencial pedagógico à biblioteca escolar? O que a caracteriza como elemento imprescindível? O que lhe dá utilidade? A questão é muito simples, mas também complexa de se articular, visto que implica mudanças importantes relativas à organização escolar na cultura das escolas.

Precisamos vincular a função de apoio da biblioteca escolar e seu uso como recurso educacional ao âmbito do planejamento e da organização escolar. Aqui podemos encontrar sua utilidade pedagógica. Evidentemente, para o desenvolvimento da biblioteca escolar é necessária uma estrutura organizacional estável a qual favoreça seu desenvolvimento como ambiente de aprendizagem e leitura. No entanto, a chave não é a estrutura em si, mas, poder utilizar todos esses elementos entrelaçados como recurso educacional.

O que parece ser complexo pode ser simplificado se mudamos o ponto de vista. O discurso que realizamos na última década, no que tange à biblioteca escolar, incide na necessidade de integrá-la ao currículo e à prática educacional. Falamos da biblioteca escolar como se estivesse fora do sistema. Essa é a realidade na qual estamos, de maneira generalizada, já que não encontramos amparo que situe a biblioteca escolar no lugar que lhe corresponde.

Se conceituarmos corretamente sua implementação, outorgando-lhe a posição de recurso, eixo pedagógico que confere apoio ao trabalho docente, a utilidade da biblioteca escolar é inquestionável. Pode ser plenamente reconhecida e justificada. Contudo, essa conceituação também merece ser salientada.

Tampouco é realista pensar que a biblioteca escolar possa exercer uma função nuclear em torno da qual se articulem as programações e todas ou grande parte das intervenções didáticas. A realidade da cultura organizacional da escola e da prática educacional nos demonstra que é completamente inviável implementar a biblioteca escolar com essas intenções.

É necessário articular uma justificativa no sistema pensando em suas características próprias e não unicamente nas possibilidades de uso pedagógico, que são muitas, da biblioteca escolar. Não deveríamos pensar em adaptar o sistema à biblioteca para poder integrá-la, mas deveríamos adequar ou incidir naquelas possibilidades pedagógicas que a biblioteca escolar proporciona e que podem realmente ser úteis à realidade do sistema e lhe determinar, assim, uma posição clara e estável. Se não é realista exercer a função de núcleo pedagógico, pode, por outro lado, resultar viável e se estabelecer como parte da engrenagem vinculada ao eixo nuclear da ação didática.

Essa é uma questão complexa que devemos abordar, porque se sua função não é esclarecida, a biblioteca não conseguirá ser jamais significativamente relevante. É necessário mudar de perspectiva e observar com atenção a biblioteca a partir do interior da escola. Devemos conceituá-la como uma engrenagem pedagógica que sustenta, apoia, alimenta e acompanha de maneira sistemática e contínua, o verdadeiro núcleo da ação didática que representa o trabalho que os professores realizam.

A biblioteca escolar não deve ser o núcleo ou o coração da escola. Esse atributo tão-somente pode ser outorgado ao recurso humano – aos professores e alunos. A biblioteca escolar deverá se apresentar como um agente transparente em protagonismo, mas efetivo e presente em substância educacional e ação de apoio.

A ação da biblioteca deve repercutir em diferentes níveis e graus, tanto no planejamento quanto na prática docente, incidindo e agindo de modo a auxiliar no desenvolvimento do projeto educacional e atendendo, por sua vez, as situações excepcionais, adotando a projeção cultural da escola e abrindo-se à comunidade educacional (Garcia Guerrero, 2007). De maneira explícita, a biblioteca escolar deverá exercer uma função estável de apoio ao trabalho docente, reconhecida por meio da existência de um coordenador de biblioteca e de uma equipe de professores envolvidos na liderança do planejamento e organização didática e curricular da escola.

A biblioteca deve ser agente catalisador e canalizador de ações concretas que, sem apoio estável e contínuo não poderia frutificar. Fazendo parte da engrenagem pedagógica que envolve a totalidade da realidade educacional da escola, deve aglutinar, como um imã, demandas e necessidades concretas surgidas nas diferentes áreas curriculares. É necessário que exista um agente que realize essa função se desejamos que os processos de mudança na escola se concretizem com realismo e praticidade. Esse imã pode e deve, por sua vez, iluminar e canalizar por caminhos de correponsabilidade e interdisciplinaridade as demandas recebidas, vinculando-as a ferramentas e recursos tradicionais e digitais, mas úteis para sua realização, e assessorando no planejamento de propostas didáticas concretas.

Duas são as vias de atuação de apoio: uma a nível metodológico, assessorando o uso de recursos facilitadores de processos de aprendizagem, e a outra, a nível de conteúdo curricular. Tudo isso no que se refere ao assessoramento no planejamento e na organização de intervenções didáticas de conteúdos específicos, vinculados às competências básicas e, especialmente, à leitura em suas diversas modalidades (Quadro 7.1).

É nesse ponto no qual os planos de leitura da escola se apresentam como projetos interdisciplinares, cuja implementação deve ser valorizada como um processo de inovação educacional, por se tratar de projetos que pretendem desenvolver, em regime de corresponsabilidade, aspectos do currículo considerados chaves. Estes, ao representarem a implementação de um processo concreto de melhoria do ensino, requerem, em conse-

Quadro 7.1 Situações de aprendizagem em que se concretiza a função de apoio pedagógico na biblioteca escolar como agente interdisciplinar na escola

VIAS DE ATUAÇÃO DE APOIO PEDAGÓGICO DA BIBLIOTECA ESCOLAR PARA O DESENVOLVIMENTO CURRICULAR	
A serviço da aprendizagem por meio da pesquisa	A serviço da aprendizagem e fomento da leitura
Contexto facilitador do desenvolvimento de habilidades intelectuais e de práticas de leitura.	
A biblioteca transforma-se em um laboratório onde se faz experiências por meio da interação com os materiais durante a gestão da informação.	A biblioteca é facilitadora de ambientes de leitura pessoais e coletivos que permitem experiências leitoras significativas
Trabalhos de pesquisa	Atividades de leitura

• Habilidades linguísticas.
• Habilidades cognitivas.
• Habilidades documentais.
• Habilidades tecnológicas:
  - busca e recuperação da informação.
  - análise e tratamento da informação.
  - comunicação e aplicação da informação.
 	
• Projetos de aula.
• Projetos interdisciplinares.
• Exploração de algum aspecto do cotidiano.
• Tarefas de resolução de problemas.
• Elaboração de um estudo de caso.
• Busca de informação sobre um aspecto real.
• Trabalho de síntese.
	De acordo com diferentes objetivos e finalidades.
	Utilizando a diversidade de materiais físicos e digitais.
	• Conhecimento e uso dos diferentes tipos de textos.
	• Expressão oral e realização de apresentações.
	• Formação e experiência literária.
	• Acesso e melhor utilização dos diferentes tipos de materiais e uso da biblioteca.
	• Apropriação dos discursos e conteúdos das diferentes áreas.

quência, apoio metodológico e de conteúdo curricular. Para isso, a biblioteca apresenta-se como recurso educacional de grande utilidade com um protagonismo que deve ser invisível ou transparente, mas real. Um agente interdisciplinar que, de maneira expressa e estratégica, pode exercer essa função de liderança em projetos e ações que afetam a totalidade das áreas curriculares, rompendo certas inércias e culturas de trabalhos individualistas que, irremediavelmente, ocorrem na prática. Nesse sentido, é preciso considerar o coordenador da biblioteca como um recurso humano indispensável para poder levar a cabo, com eficácia, a função de apoio de escrita, já que a presença física da biblioteca não pode, por si só, ser a geradora dos processos de melhoria nem de sua dinamização interna.

A chave da inovação educacional está nas mãos dos professores e não na implementação de ferramentas e recursos. Estes estão à disposição das equipes docentes, contudo, somente poderão ser úteis, caso os professores possuam conhecimento de suas possibilidades didáticas e se, por sua vez, é apoiado dentro e fora da escola, com orientações concretas que favoreçam seu uso na prática educacional para melhorar os processos de aprendizagem.

ASPECTOS A SEREM CONSIDERADOS NOS PROCESSOS DE MUDANÇA

É importante abordar os elementos essenciais necessários para que as mudanças na escola sejam profundas e duradouras. A implementação da biblioteca escolar, com sua função de apoio pedagógico a serviço da inovação educacional, deve levar em conta, para poder funcionar de forma realista, as diversas considerações que trazem implícitos os processos de mudança.

Podemos determinar que o desenvolvimento da biblioteca escolar já é, em si, uma ação de mudança para a escola, mas isso não deve nos confundir. Sua vinculação à inovação educacional não está na implementação do recurso, pois o fato de dispor de biblioteca não representa o desenvolvimento de um processo de mudança e melhoria no ensino, mas apenas a possibilidade de dispor de uma estrutura organizacional estável.

O mesmo acontece com a implementação das novas tecnologias. O que é introduzido na escola com a biblioteca escolar e as novas tecnologias são mecanismos facilitadores de processos de melhoria. O desafio é outorgar-lhes a função que lhes corresponde como meios e não como fins em si mesmos. Em consequência, esses processos devem ser articulados não a partir deles mesmos, mas sim dos princípios pedagógicos e que inspiram o enfoque em competências do currículo.

Os processos de mudança requerem, em primeiro lugar, estruturas de apoio para os professores e, em segundo lugar, ferramentas e recursos. A biblioteca escolar cumpre com as duas dimensões, afinal, apresenta-se como agente de apoio e, ao mesmo tempo, como recurso físico. Não existe dúvida alguma de que os professores são os sujeitos que tem a responsabilidade da mudança. No entanto, por que a transformação educacional é tão custosa na prática? Por que, realmente, representa um desafio enorme no âmbito pessoal e profissional?

É necessário considerar, primeiramente, a existência de dificuldades técnicas na aplicação de novas fórmulas didáticas. Devemos compreender que é complexo para os professores assimilar rapidamente as mudanças metodológicas e curriculares que, atualmente, busca-se desenvolver.

Os professores, para realizar tais aspectos e convertê-los de forma natural em parte do exercício de sua docência, necessitam de oportunidades e tempo para poder experimentar. É necessário observar exemplos, formar-se, ser assessorado pessoalmente, praticar e, ao mesmo tempo, aprender com os erros. Nesse sentido, essas oportunidades para experimentação são, realmente, imprescindíveis para gerar vontades de mudança.

Entretanto, a dificuldade mais transcendente encontra-se no âmbito da cultura de trabalho dos professores. Qualquer inovação que pretenda ter êxito deve preocupar-se com algo mais que melhorar as habilidades técnicas. Partindo da perspectiva cultural, devemos atender e compreender os significados e as interpretações que os professores dão à mudança, como esta afeta e, inclusive, desafia suas convicções da mesma forma que suas práticas.

A mudança vista desse modo tem seu lado inevitavelmente humano, além de sua parte técnica. Como indica Hargreaves (2001), a dimensão humana na concepção da mudança educacional tem uma dupla natureza: intelectual e emocional.

No terreno intelectual, os professores necessitam imaginar que sentido têm as propostas de melhora que lhes são apresentadas. Isso implica que elas devem ser suficientemente claras para permitir sua plena compreensão (Stoll e Fink, 1999).

Ao mesmo tempo, é preciso considerar que, nos conselhos docentes, nem todos os esforços confluem para mudança e que se deve trabalhar para isso tanto com aqueles que estão a favor quanto com os que não estão. É necessário aceitar a existência de críticas e resistências e trabalhar para alcançar a integração de posturas. Não devemos esquecer o elemento emocional, já que qualquer mudança educacional sempre necessita de algo mais que domínio técnico e esforço intelectual.

Os professores necessitam de apoio e de acompanhamento enquanto efetuam a complicada tarefa emocional e intelectual de modificar sua prática. É necessário ajudá-los para que possam perseverar diante das dificuldades e ir além da imersão inicial no processo de implementação das mudanças. Por isso, o sentido, a motivação e as relações humanas se encontram no centro de qualquer processo de melhoria que se queira conduzir na escola.

Dessa forma, é fundamental apoiar os professores para realizar mudanças significativas, para que estas se mantenham e possam ser realmente realizadas. Hargreaves (2001) propõe uma descrição e análise de cinco áreas principais que incidem nas tentativas de incorporar as reformas prescritas pela administração educacional: as estruturas escolares, a cultura docente, a formação permanente dos professores, a liberdade profissional e a liderança escolar.

Nesse sentido, a biblioteca escolar, em sua dimensão física, mas, fundamentalmente, em sua dimensão de agente interdisciplinar de apoio pedagógico, forma parte da estrutura escolar e organizacional da escola que os professores necessitam como sustento para enfrentar os desafios de melhoria que, atualmente, o ensino requer.

RESPONSABILIDADE E LIDERANÇA DA EQUIPE DE APOIO

Para que seja produzida uma mudança significativa na escola, deve existir uma liderança eficaz. As pesquisas sobre as reformas educacionais indicam, de maneira consistente, que os diretores de escola são agentes vitais na criação das condições que devem permitir o êxito das inovações.

Os diretores ou as equipes diretivas de escola se encontram sob uma constante pressão em suas tarefas, e eles, sozinhos, não podem desenvolver com eficácia um apoio sistematizado. Necessita-se que sejam criadas oportunidades para que outros assumam funções de liderança, mediante a implicação pessoal e o reconhecimento profissional. Trata-se da criação de equipes com uma função de liderança compartilhada que, através de uma preparação especialmente projetada, desenvolvam sua capacidade enquanto agentes ativos no processo de mudança.

Uma liderança deve ser apoiada de práticas de gestão apropriadas, pelo que há de se adaptar algumas estruturas de gestão. Quando os esforços para melhorar a escola ocorrem, com frequência faz-se necessário reestruturar as disposições existentes que obstruem o processo de mudança, como adaptar horários, estabelecer novas políticas, modificar funções e responsabilidades, determinar duração das reuniões, facilitar a coordenação do processo.

Esse tipo de equipe deve exercer uma liderança intelectual que interprete, traduza e articule as normativas políticas e, ao mesmo tempo, uma liderança cultural e emocional que construa culturas que promovam a colaboração e a assunção de riscos nas mudanças que são produzidas. Definitivamente, precisa-se agir enquanto líderes estratégicos, procurando e proporcionando os materiais, recursos e ferramentas necessárias para promover a mudança desejada (Hargreaves, 2001).

No cenário descrito, o coordenador da biblioteca tem sua função e sua razão de existir em uma posição de liderança dentro desse tipo de equipe ou em colaboração. Segundo a realidade de cada escola, a biblioteca poderá exercer esta função por ela mesma ou em colaboração com outros agentes.

É importante romper com a visão tradicional do bibliotecário escolar e reconhecer que o recurso humano responsável pela biblioteca também deverá trabalhar fisicamente fora dela, conectando as necessidades surgidas em sala de aula com referência aos conteúdos educacionais curriculares, com as possibilidades de utilização dos recursos e serviços da biblioteca.

O coordenador da biblioteca se apresenta enquanto um agente imprescindível para a organização e planejamento educacional. Portanto, é necessário que seja um professor da própria escola que realize essa função – um docente formado nos aspectos metodológicos e curriculares que a escola necessita desenvolver. Somente dessa forma poderá exercer, de modo eficaz, sua função de apoio pedagógico que justifica a existência da biblioteca escolar em uma escola.

Nessas circunstâncias, a figura do responsável pela biblioteca escolar formado apenas em Biblioteconomia seria vista, no ambiente educacional como um elemento externo ao sistema, e o seu perfil não seria adequado e nem reconhecido para exercer uma função de apoio pedagógico.

Recordamos que o modelo de implementação da biblioteca escolar é próprio e diferenciado de outras instâncias bibliotecárias. Isso não impede que sejam feitos assessoramentos externos do âmbito da Biblioteconomia para a gestão dos recursos e para a organização da biblioteca, do mesmo modo que o coordenador em TIC pode receber ajudas técnicas por profissionais especializados.

Nesse contexto, a implementação do desenvolvimento da biblioteca escolar deve ser conceituada como uma estratégia para conseguir melhoria nas escolas. Dessa forma, o que viemos denominando recurso humano da biblioteca – o professor que gere e promove o seu uso – deve também, como estratégia, integrar-se naquela equipe ou núcleo pedagógico que tenha a escola destinada para apoiar os processos ou projetos de melhoria. Não teria sentido algum dispor de várias equipes com as mesmas funções. O mesmo ocorre com o coordenador das ferramentas e dos recursos TIC.

As duas figuras são imprescindíveis como conhecedores das possibilidades pedagógicas dos recursos que gerenciam. Deve ocorrer uma fusão e emergir uma única equipe interdisciplinar que realize a função de anel pedagógico para sustentar as ações de melhoria do ensino metodológico e de conteúdo curricular.

Essa é a grande necessidade que as escolas exigem porque, definitivamente, os professores necessitam de tempo, alívio e apoio para as mudanças. Argumenta-se, assim, a existência de um pequeno grupo que exerça com liderança uma função de apoio no interior de cada escola e que acompanhe todas as etapas, visto que a mudança é um processo, e não um sucesso pontual. Sem dúvida alguma, alguém deve gerenciá-la, planejá-la, registrar os progressos e assegurar-se de que se cumpram as metas fixadas.

As estruturas escolares e as estratégias organizacionais, sozinhas, não garantem a melhoria. A existência desse tipo de equipe não é uma garantia de êxito. Os professores que as integram devem, também, ocupar-se das condições internas que mantêm e estimulam a melhoria. É importante ter ciência dos obstáculos que podem encontrar no caminho para, desse modo, poder encontrar soluções criativas que se adaptem a cada circunstância concreta.

No entanto, a dificuldade mais notável é a problemática de manter o compromisso e a corresponsabilidade nas equipes de professores. Este é um problema endêmico a todos os programas de inovação. A continuidade requer coordenação, capacidade para a resolução de problemas, negociação, apoio, comunicação e uma socialização dos novos conhecimentos adquiridos. Para isso, é essencial promover a aplicação e o fortalecimento pessoal dos professores (Stoll e Fink,1999). Nesse sentido, devem ser promovidas e impulsionadas culturas de colaboração. O compromisso com a mudança é mais efetivo quando aqueles envolvidos com a tarefa de levá-la a cabo nas escolas são também consultados sobre a tomada de decisões e participam nela. A experiência confirma a importância do envolvimento pessoal, pois os professores devem estar motivados e, também, interessados realmente em realizar mudanças.

Além do mais, é importante valorizar a dificuldade que significa, para um processo de mudança e melhoria do ensino, a avaliação dos resultados. O conhecimento sobre a eficácia das ações realizadas deveria ser medido por meio das conquistas, do progresso e do desenvolvimento dos alunos. Por isso, as escolas necessitam fixar seus próprios critérios de avaliação e de obtenção de resultados (Hargreaves, 2001).

O planejamento do desenvolvimento do processo de melhoria é o desafio que as equipes de apoio, como aglutinadores de demandas e canalizadores de possibilidades, devem abordar. Essa ideia deve ser projetada para ajudar no percurso para que o processo se realize com maior eficácia. Sua existência, em uma medida realista e exequível, pode representar um elemento diferencial e a chave para a consecução dos objetivos.

O êxito da melhoria na escola vai acompanhado da supervisão e da avaliação sistemática que se deve realizar do processo e dos resultados finais. Deve-se conduzir uma supervisão constante para assegurar que o processo funcione bem e alcance os resultados propostos. A coleta de dados formais e informais representa uma parte vital e significativa nesse processo de avaliação.

8

Formas de apoio pedagógico
ações da biblioteca escolar a serviço do ensino

METODOLOGIA DA APRENDIZAGEM POR MEIO DA PESQUISA

A função de apoio pedagógico que a biblioteca escolar exerce como agente intedisciplinar implica, em primeira instância, orientar os professores sobre como utilizar a biblioteca e seus materiais em diversas situações de aprendizagem, o que requer envolvimento com questões metodológicas.

Nesse contexto, pergunta-se: Que tipos de situações de aprendizagem a biblioteca escolar adota? Quais são as ʋstratégicas metodológicas vinculadas a essas situações de aprendizagem? Que orientações é preciso considerar?

O uso da biblioteca e seus materiais deve ser contextualizado. Esses dois tipos de situações de aprendizagem são atividades que formam parte de maneira habitual do desenvolvimento curricular da escola e da vida cotidiana de sala de aula. Devemos considerar também que o contexto que as determina não é apenas um, mas se misturam múltiplas possibilidades. A proposta de utilização didática da biblioteca ou da utilização de seus recursos em sala de aula, pode partir de uma matéria ou disciplina, de uma área curricular ou de um projeto interdisciplinar. A atividade também pode se enquadrar no contexto de nível educacional, um ciclo ou de um projeto mais amplo da escola. Assim, a biblioteca não se vincula a apenas um âmbito do sistema escolar ou a um único departamento didático mas à sua totalidade.

Dessa maneira, a biblioteca escolar põe em prática um apoio às programações e projetos de trabalho em sala de aula. É preciso, para isso, estabelecer uma contínua interação entre a aula e a biblioteca, que remeta ao planejamento de intervenções de acordo com o conteúdo dos projetos de trabalho.

O papel que a biblioteca escolar pode assumir atualmente é o de acompanhamento, uma vez que é a facilitadora do trânsito que conduz a uma educação mais aberta, com mais recursos, contribuindo para o desenvolvimento das competências básicas (García Guerrero, 2007).

Para avançar nessa direção, podemos começar a desenvolver iniciativas concretas. A biblioteca escolar é um ambiente de aprendizagem capaz de comportar experimentações didáticas que, mais tarde, podem ser extrapoláveis a mais situações de outras disciplinas ou níveis.

Um ensino baseado em competências é uma nova e grande oportunidade para aprofundar um processo de mudança que envolva os grandes princípios dos movimentos renovadores. No entanto, nesse sentido, não existe uma metodologia própria para o ensino das competências, mas somente considerações gerais que determinam estratégias metodológicas específicas.

No novo enfoque competencial, subjazem alguns princípios pedagógicos determinados. Nesse sentido, o que implica orientar a prática educacional com uma perspectiva construtivista e social da aprendizagem? Como ensinar o que deve ser construído?

O construtivismo social representa um marco psicológico global de referência para a educação escolar, que orienta e guia a prática. É de difícil realização pelo caráter excessivamente geral desses princípios, mas proporciona ideias consistentes e princípios explicativos básicos sobre de que forma se aprende.

Essa orientação se refere à importância da atividade mental construtiva dos alunos em relação à aprendizagem escolar. Esse princípio leva a conceber a aprendizagem escolar como um processo de construção do conhecimento, e o ensino como uma ajuda a esse processo de construção. Um auxílio sistemático, planejado e sustentado.

A função do professor se apresenta como orientador ou guia cuja missão é coordenar os processos de construção que os alunos realizam com os significados coletivos culturalmente organizados.

Nesse sentido, concebemos a construção do conhecimento como um processo, a ajuda pedagógica mediante a qual o professor auxilia o aluno a construir significados e a atribuir sentido ao que aprende, deve ser concebida também como um processo. Por isso é que não se pode assimilar a concepção construtivista com uma só metodologia didática ou um só método de ensino-aprendizagem.

Coll (2003) afirma que não devemos pensar que exista uma metodologia didática construtivista, mas que há uma estratégia didática geral de natureza construtivista regida pelo princípio da ajuda pedagógica e que pode se organizar em múltiplas metodologias didáticas particulares.

Nessa base de pensamento, incentiva-se a pluralidade metodológica. Não é provável que um método de ensino concreto seja eficaz e adequado para qualquer objetivo de aprendizagem, em qualquer contexto e para qualquer âmbito do conhecimento. Portanto, será necessário recomendar a pluralidade e a flexibilidade didática para atender à diversidade de pessoas, situações e áreas do conhecimento (Perez Gomez, 2007).

O enfoque em competências exige que o processo didático apresente atividades e projetos nos quais os alunos se deparem com situações reais, resolvam problemas e construam coisas reais utilizando os conhecimentos e as habilidades adquiridas.

Requer-se estratégias metodológicas que permitam promover e desenvolver competências referentes ao tratamento da informação e à utilização do conhecimento. Isso é de vital importância para potencializar a aprendizagem autônoma.

Os alunos devem resolver situações no ambiente escolar e cotidiano a partir da busca de informação relevante. Construir novos conhecimentos vinculados à resolução de situações. Aplicar e adaptar estratégias diferentes no processo de resolução de problemas. Adquirir confiança em suas possibilidades e desfrutar no trabalho individual e coletivo. Essas capacidades só se desenvolverão fazendo a pesquisa ser uma prova de aprender. A aprendizagem pela pesquisa e pela problematização começa propondo perguntas sobre o conteúdo pelo qual se irá pesquisar, continua com a busca da informação e o contraste de fontes e deve se completar com sua comunicação e difusão.

A pesquisa ajuda, assim, a superar o formato predefinido do livro didático ou das soluções preestabelecidas e situa os estudantes dentro do processo de aprendizagem no qual, a partir de uma variedade de fontes, devem construir sua própria compreensão e assumir a necessidade e a obrigação de compartilhar seus avanços. Nesse tipo de aprendizagem, o aluno assume um papel mais ativo na tomada de decisões seja para obter documentação necessária, realizar observações ou elaborar hipóteses. Ainda que o trabalho do professor continue sendo imprescindível e necessário para estruturar, guiar e orientar tais atividades para certos fins mínimos indispensáveis de aprendizagem.

Em geral, em todas essas propostas, o mais importante segue sendo que os alunos contem com a ajuda necessária para que realizem as atividades construtivas da melhor maneira possível. Os objetivos últimos seguirão sendo a promoção de aprendizagens significativas e o desenvolvimento de habilidades de "aprender a aprender", criando as situações de apoio que sejam necessárias para consegui-los.

SISTEMATIZAÇÃO DAS INTERVENÇÕES DE LEITURA

A corresponsabilidade no ensino da leitura é o elemento essencial para a integração desta atividade nas diversas áreas curriculares. Em consequência, esse argumento se apresenta como a chave fundamental para entender a utilidade da biblioteca na escola. Vincula-se a uma segunda via de apoio pedagógico em relação ao planejamento do desenvolvimento de um plano ou um programa leitor da escola.

Todas as ações relacionadas à leitura deverão responder a uma política de intervenção em sua prática, que seja desenvolvida em vários campos de ação: competência leitora e hábito de leitura, formação e experiência literária e competência informacional. Trata-se da elaboração de um plano interdisciplinar que responda à determinação de uma política geral de leitura na escola.

As crianças e os jovens deverão ter a oportunidade de deparar-se, na sala de aula, com textos literários, filosóficos ou científicos que possam provocar o desejo e o prazer de ler. Como indica Juan Mata (2008), "intervenções atentas e alentadoras são necessárias e a criação de situações reais de aprendizagem nas quais ler e escrever tenha pleno sentido".

As oportunidades leitoras originam-se de tempos e programas planejados, assim como dos lugares com os quais se conta para produzir ambientes e experiências de leitura. Essas oportunidades serão frequentes e melhores caso disponham e utilizem de lugares adequados em que se possa encontrar materiais, mas especialmente se estiverem em uma programação de atividades.

As oportunidades leitoras não apenas requerem espaços materiais, mas também, necessariamente, se desenvolvem graças a intervenções didáticas com conteúdos específicos e tempos marcados. Quando falamos no tempo de leitura nas escolas, estamos nos referindo ao tempo prescrito para esta tarefa – um tempo de leitura centrado na área de língua e literatura e um tempo de leitura centrado no restante das disciplinas. Todos esses elementos deverão ser integrados em um programa sistemático de ações ao longo de cada ano letivo e incorporar-se normalmente ao projeto pedagógico da escola.

É necessário preservar, na escola, o sentido da leitura e da escrita como práticas sociais para fazer que os alunos se apropriassem delas e poderem incorporar-se à comunidade de leitores e escritores, para que cheguem a ser cidadãos da cultura escrita. No entanto, o principal problema é que os propósitos buscados na escola ao ler e escrever são diferentes dos propósitos que orientam a leitura e a escrita fora do ambiente escolar, como indica Lerner (2001)

> Existe um abismo que separa a prática escolar da prática social da leitura e da escrita. A língua escrita criada para representar e comunicar significados aparece, em geral, na escola, fragmentada em pedacinhos não significativos. Tanto a língua escrita quanto a prática da leitura e da escrita se tornam fragmentárias. São "picadas", de tal modo, que perdem sua identidade.

A Lei de Organização Educacional (LOE) e os diferentes decretos de desenvolvimento do currículo estabelecem, para as etapas de ensino fundamental e médio que as escolas deverão garantir, na prática docente de todas as matérias, um tempo dedicado à leitura em todos os anos letivos. Durante esses tempos, e em relação aos espaços adequados para realizar as práticas leitoras, necessita-se sistematizar as intervenções didáticas dotando-as de conteúdo. Essa sistematização das intervenções didáticas para trabalhar o tempo de leitura e escrita em corresponsabilidade são: o conhecimento e o uso dos diferentes tipos de texto, a expressão oral e a realização de apresentações, a formação e a experiência literária, o acesso e a boa utilização dos diferentes tipos de materiais (com as possibilidades de uso da biblioteca escolar) e, por último, a apropriação dos discursos das diferentes áreas (Durpan e García Guerrero, 2008).

Sobre essa classificação, podem ser realizadas ações não com o fim de selecionar e implementar um repertório de atividades que já há muito conhecemos, mas de utilizá-las vinculando-as em sequências didáticas. Esse planejamento permitirá uma intervenção em tempo contínuo, assim como o desenvolvimento das competências em contextos educacionais concretos.

No Quadro 8.1, indica-se as intervenções de corresponsabilidade necessárias por parte de todos os professores para fazer do tempo de leitura e escrita um período centrado por meio de uma ação sistematizada e colegiada. Também inclui-se a função ou o papel que, em cada uma das intervenções, a biblioteca escolar pode assumir como recurso que articula e apoia todas as ações.

Quadro 8.1 Sistematização das intervenções didáticas para trabalhar o tempo de leitura e escrita em corresponsabilidade

104 Glória Durban Roca

CONTEÚDOS	PROFESSORES DE LÍNGUA E LITERATURA	PROFESSIORES DE OUTRAS ÁREAS/DISCIPLINAS	BIBLIOTECA ESCOLAR
1. Conhecimento e uso dos diferentes tipos de texto	• Desenvolvimento de habilidades linguísticas com produção de textos, estratégias de compreensão, etc. • É necessário enfatizar mais os textos contínuos.	• Desenvolvimento da interação com os tipos de textos mais relacionados às disciplinas: mapas, ilustrações, quadros, gráficos, tabelas. • É necessário enfatizar mais os textos descontínuos.	• Oferecimentos de documentação específica.
2. Expressão oral e realização de apresentações	• Preparação dos aspectos linguísticos e textuais dos textos científicos, humanísticos, etc. • Elaboração de roteiros para a apresentação de livros de literatura nacional ou estrangeira, de trabalhos, de experiências, etc.	• Preparação de documentação, seleção dos textos e os conteúdos a serem abordados. • Atividades que trabalhem a competência tecnológica. Preparação de auxílios às exposições orais.	• Oferecimento de documentação específica.
3. Formação e experiência literária	• Seleção de um *corpus* equilibrado de leituras (clássicos + contemporâneos + literatura infantil e juvenil). • Garantir a formação do leitor de literatura por meio de caminhos de leitura – leituras guiadas.	• Promoção de leituras extensivas (literárias e recreativas) relativas às áreas. • Uso das seções documentais de aula.	• Oferecimento de leituras literárias. • Dinamização de atividades gerais. • Apoio às ações do projeto de leitura e de escrita.
4. Acesso e melhor utilização dos diferentes tipos de materiais.	• Instrução nas metodologias e características dos documentos. • Instrução nas fases e na estrutura dos trabalhos por projetos, bem como na elaboração de projetos documentais.	• Formação básica dos usuários da biblioteca. • Educação informacional utilizando os conteúdos da disciplina/área. • Aplicação das etapas de trabalho intelectual para a preparação de trabalhos por tarefas e projetos documentais.	• Articulação de programas relacionados à competência informacional e às habilidades para pesquisar e informar-se.
5. Apropriação dos discursos e conteúdos das diferentes áreas.	• Instrução sobre as estruturas e propriedades dos discursos das diferentes disciplinas. • Leituras intensivas utilizando textos das diferentes áreas.	• Integração das aprendizagens das ações anteriores (formatos de textos, habilidades informacionais, trabalhos por projetos, etc.). • Elaboração de dicionários (glossários) específicos de cada disciplina por parte dos alunos. • Promoção de leituras extensivas de livros informativos relativos às áreas. • Desenvolvimento de trabalhos por áreas e por projetos documentais. • Estratégias de compreensão e bom uso do livro didático.	• Apoio e complemento do trabalho da área/sala de aula. • Oferecimento de recursos informativos bibliográficos (ou digitais).

A implementação de programas de leitura e escrita nas escolas deverá contribuir para criar oportunidades leitoras entre os alunos por meio de um contínuo ambiente de vivências, interações, reflexões em torno da leitura, bem como desenvolver habilidades informacionais e intelectuais e o uso dos recursos da biblioteca. Para conseguir isso, apoios, em nível de planejamento educacional, são necessários, os quais deverão determinar as ações e as decisões que repercutirão na melhoria das práticas de leitura e escrita e no uso da biblioteca escolar.

Precisamos de consenso e esforço para um trabalho organizado na escola, pois trata-se de chegar a acordos que permitam organizar as linhas-mestras de ação em leitura, escrita e uso da biblioteca escolar para conseguir uma política geral da escola nessa área.

Os principais responsáveis pela política de determinação geral da leitura são os membros da equipe técnica de coordenação pedagógica. Os chefes de departamento e coordenadores de ciclos têm a maior quota de responsabilidade no momento de garantir a sistematização das intervenções didáticas com respeito ao tempo de leitura regulamentado.

Esse marco geral deverá permitir o esclarecimento tanto das características das atividades e intervenções em caráter geral (elaboração de um jornal, de um trabalho documental, criação de grupos de leitores/escritores, visita de escritores, visitas a jornais, bibliotecas, exposições, comemorações e celebrações, etc.) quanto aquelas relacionadas a metodologia, atividades e intervenções circunscritas ao contexto de sala de aula e com o tratamento do tempo de leitura na escola que passa, necessariamente, pelo envolvimento dos professores de todas as áreas (García e Guerrero, 2009).

Referências

ARGÜELLES. J.D. (2003): *¿Qué leen los que no leen?* México. Paidós.

BLASCO, A.; FLUENTES, M. (2008): «Accés i ús de la informació. La competència informacional des de la biblioteca escolar», en *Biblioteca escolar: Puntedu* [en línea]. Barcelona. Generalit de Catalunya. Departament d'Educació. <www.xtec.cat/innovacio/biblioteques/formacio_acces1.htm> [Consulta: marzo 2009]

BOMBINI, G. (2006): *Reinventar la enseñanza de la lengua y la literatura.* Buenos Aires. Libros del Zorral.

BONILLA, E.; GOLDIN, D.; SALABERRÍA, R. (2009): *Bibliotecas y escuelas. Retos y posibilidades en la sociedad del conocimiento.* México/Madrid. Océano.

CALDERON PEÑUELA, M. (2005): *Àgora: La biblioteca a l'ensenyament secundari. Una proposta pràctica* [en línea]. <www.xtec.es/sgfp/llicencies/200405/memories/892m.pdf> [Consulta: diciembre 2009]

CASSANY, D. (2008): «La lectura ciudadana», en MILLÁN, J.A. (coord.): *La lectura en España: Informe 2008* [en línea]. Madrid. Federación de Gremios de Editores de España/Fundación Germán Sánchez Ruipérez/Cedro/Observatorio de la Lectura y el Libro, pp. 225-243. <www.lalectura.es/2008/>. [Consulta: diciembre 2009]

CASSANY, D.; AYALA, G. (2008): «Nativos e inmigrantes digitales en la escuela». *Participación Educativa* [en línea], núm. 9: *Aprender a lo largo de la vida*, pp. 57-75. <www.mec.es/cesces/revista/revista9.pdf>. [Consulta: diciembre 2009]

CERRILLO, P.; YUBERO, S. (2003): *La formación de mediadores para la promoción de la lectura.* Cuenca. Universidad de Castilla-La Mancha.

CID, A.; DOMÍNGUEZ RAMOS, A.M. (2008): *Proyectos aula-biblioteca. Contribución al desarrollo de las competencias básicas.* Málaga. Junta de Andalucía. Consejería de Educación. También disponible en línea en: <www.juntadeandalucia.es/averroes/bibliotecaescolar/images/MisPdf/separatas/libroa34-dic08separata.pdf>. [Consulta: diciembre 2009]

108 Referências

CILIP (2004): «Alfabetización en información: la definición de CILIP (UK)». *Boletín de la Associación Andaluza de Bibliotecarios*, núm. 77, pp. 79-84 [en línea]. <www.aab.es/pdfs/baab77/77a4.pdf>. [Consulta: diciembre 2009]

CODINA, L. (2000): El libro digital y la www. Madrid. Tauro.

_____. (2001): «Sistemas de información. Las propiedades de la información digital». *El professional de la información*. vol. 10(12), pp. 18-25 [en línea] <www.elprofesionaldelainformacion.com/contenidos/ 2001/diciembre/5.pdf>. [Consulta: diciembre 2009]

COLL, C. (2005): «Lectura e alfabetismo en la sociedad de la información». *UOC Papers* [cn línea], núm. 1. <www.uoc.edu/uocpapers/1/dt/esp/coll.pdf>. [Consulta: diciembre 2009]

_____. (2007): «Una encrucijada para la educación escolar». *Cuadernos de Pedagogía*, núm. 370, pp. 19-23

COLOMER, T. (2005): *Andar entre libros.* México. Fondo de Cultura Económica.

CHARTIER, R. (2000): «¿La revolución de las revoluciones?» en *Las revoluciones de la cultura escrita: Diálogo e intervenciones.* Barcelona. Gedisa.

DE KERCKHOVE, D. (1999): *Inteligencias en conxión: Hacia una sociedad de la web.* Barcelona. Gedisa.

DEWEY, J. (2008): *Cómo pensamos: la relación entre pensamiento reflexivo y proceso educativo.* Barcelona. Paidós, 1960.

DOMÈNECH, J.; VIÑAS, J. (1997): *La organización del espacio y del tiempo en el centro educativo.* Barcelona. Graó.

DÍEZ CARLURANO, E. (comp.) (2006): *Las clavez para la alfabetización digital* [en línea]. Madrid. Fundación Telefónica / Ariel. <www.fundacion.telefonica.com/ forum/Alfabetizacion/>. [Consulta: diciembre 2009]

ECHEVARRIA, J. (2005): «Aprender a leer y escribir en formato electrónico», en *¿Nuevas lecturas? ¿Nuevas formas de leer? XIII Jornadas de Bibliotecas Infantiles, Juveniles y escolares.* Salamanca. Funcadión Germán Sánchez Ruipérez.

FREIRE, P.; MANZANO, P. (2001): *Pedagogía de la indignación.* Madrid. Morata.

GARCÍA GUERRERO, J. (2006): «Biblioteca escolar y articulación de programas lectores». *Andalucía Educativa* [en línea], núm. 56. <www.juntadeandalucia.es/educacion/ portal/com/bin/Contenidos/IEFP/ANDALUCIA_EDUCATIVA/ANDALUCIA_EDUCATIVA/1158750313490_en_portada.pdf>. [Consulta: diciembre 2009]

_____. (2009): *Componentes básicos de intervención en lectura y uso de la biblioteca escolar: Asesoramiento para la elaboración del plan para la lectura y el uso de la biblioteca escolar.* Málaga. Junta de Andalucía. Delegación Provincial de la Consejería de Educación en Málaga. También disponible en línea en: <www.juntadeandalucia. es/averroes/bibliotecaescolar/images/MisPdf/guias/guiacomp.pdf>.

GAIRÍN, J. (2007): «Competencias para la gestión del conocimiento y el aprendizaje». *Cuadernos de Pedagogía*, núm. 370, pp. 24-27.

GIMENO, SACRISTÁN, J. PÉREZ, A.I. (1992): *Comprendre y transformar la enseñanza.* Madrid. Morata.

GÓMEZ HERNÁNDEZ, J.A. (coord.); BENITO MORALES, F. (2000): *Estrategias y modelos para enseñar a usarla información: guía para docentes, bibliotecarios y archiveros.* Murcia. KR. También disponible en línea en: <eprints.rclis.org/archive/00004672/>. [Consulta: diciembre 2009]

GUTIÉRREZ MARTIN, A. (2003): *Alfabetización digital: Algo más que ratones y teclas.* Barcelona. Gedisa.

_____. (2006): «La alfabetización múltiple en la sociedad de la información», en *Las claves para la alfabetización digital.* Madrid. Fundación Telefónica. También disponible en línea en: <sociedadinformacion.fundacion.telefonica.com>. [Consulta: diciembre 2009]

HARGREAVES, A. (1996): *Profesorado, cultura y postmodernidad cambian los tiempos, cambian los professores.* Madrid. Morata.

HERNÁNDEZ ROJAS, G. (1988): *Paradigmas en psicologia de la educación.* México. Paidós.

IMBERNÓN, F. (comp.) (1999): *La educación en el siglo XXI: Los retos del futuro inmediato.* Barcelona. Graó.

IZA DORRONSORO, L. (2006): *El plan de lectura en los centro de educación infantil y primaria.* Pamplona. Gobierno de Navarra. Departamento de Educación. También disponible en línea en: <www.pnte.cfnavarra.es/bibliotecasescolares/blitz_files/Blitzam9c.pd>. [Consulta: diciembre 2009]

JISC; BRITISH LIBRARY (2008): «Informe CIBER. Comportamiento informacional del investigador del futuro». *Anales de Documentación* [en línea], núm. 11 <redalyz.uaemex.mx/redalyc/pdf/635/63501113.pdf>. [Consulta: diciembre 2009]

JORBA, J. (comp.) (2000): *Hablar y escribir para aprender: uso de la lengua en situación de enseñanza-aprendizaje desde las áreas curriculares.* Madrid. Síntesis.

JOVER, G. (2008): «Se está haciendo cada vez más tarde (por una literatura sin fornteras)», en LOMAS, C. (compl.): *Textos literarios y contextos escolares.* Barcelona. Graó.

LACROIX, M. (2005): *Culte a l'emoció.* Barcelona. La Campana.

LÉVY, P. (1998): *¿Qué es lo virtual?* Barcelona. Paidós.

LOMAS, C. (comp.) (2002): *El aprendizaje de la comunicación en las aulas.* Barcelona. Paidós.

LOMAS, C. (comp.) (2007): «La construcción del hábito lector». *Textos de Didáctica de la Lengua y de la Literatura*, núm. 44.

_____. (comp.) (2008): *Textos literarios y contextos escolares.* Barcelona. Graó.

MARTÍNEZ-OTERO, V. (2007): *La Buena educación: Reflexiones y propuestas de Psicopedagogía Humanista.* Barcelona. Anthropos.

_____. (2008): *El discurso educativo.* Madrid. CCS.

MATA, J. (2008): «La edad de Aquiles o la futilidad de la literatura», en LOMAS, C. (comp.): *Textos literarios y contextos escolares.* Barcelona. Graó.

MILLAN, J.A. (2000): *La lectura y la sociedad del conocimiento* [en línea]. <jamillan.com/lecsoso.htm>. [Consulta: diciembre 2009]

110 Referências

MINISTERIO DE EDUCACIÓN Y CIENCIA (2006): *Bibliotecas escolares: ideas y buenas prácticas*. Madrid. MEC. Dirección General de Cooperación Territorial y Alta Inspección. Subdirección General de Relaciones con las Administraciones Territoriales. También disponible en línea en: <www.mes.es/educa/ccaa/actuaciones/files/2006-ideas-buenas-practicas.pdf>. [Consulta: diciembre 2009]

_____. (2009): *Leer.es. Portal sobre lectura y educación desde todas las disciplinas* [en línea]. <www.leer.es>. [Consulta: diciembre 2009]

MONEREO, C. (comp.) (2005): *Internet y competencias básicas*. Barcelona. Graó.

MORIN, E. (2000): *La mente bien ordenada*. Madrid. Seix Barral.

NOGUEROL, A. (2007): *Tècniques d'aprenentatge e estudi: Aprendre a l'escola*. Barcelona. Graó.

ONTORIA, A. (2000): *Potenciar la capacidad de aprender y pensar.* Madrir. Narcea.

PATTE, G. (1988): *¡Dejadle leer! Los niños y las bibliotecas*. Barcelona. Pirene.

PÉREZ GÓMEZ, A.L. (2008): «¿Competencias o pensamiento práctico? La construcción de los significados de representación y de acción», en GIMENO SACRISTÁN, J (comp.): *Educar por competencias: ¿Qué hay de nuevo?* Madrir. Morata.

PÉREZ RODRÍGUEZ, M.A. (2004): *Los nuevos lenguajes de la comunicación. Enseñar y aprender con los medios*. Barcelona. Paidós.

POSTMAN, N. (1999): *El fin de la educación: una nueva definición del valor de la escuela*. Barcelona. Octaedro.

POZO, J.I. (1999): «Aprendizaje de contendidos y desarrollo de capacidades en la educación secundaria», en COLL, C. (coord.): *Psicología de la instrucción: la enseñanza y el aprendizaje en la educación secundaria*. Barcelona. ICE/Horsori.

RUL, J.; CAMBRA, T. (2007): «Educación y competencias básicas». *Cuadernos de Pedagogía*, núm. 370, pp. 71-80.

SÁNCHEZ MIGUEL, E. (1998): *Comprensión y redacción de textos. Dificultades y ayudas*. Barcelona. Edebé.

SOLÉ, I. (1992): *Estrategias de lectura*. Barcelona. Graó.

TEIXIDOR, E. (1992): *Lectura y la vida: Cómo incitar a los niños y adolescentes a la lectura*. Barcelona. Ariel.

VIRGILIO, P. (1988): *Estética de la desaparición*. Barcelona. Anagrama.

WRAY, D.; LEWIS, M. (2000): *Aprender a leer y escribir textos informativos*. Madrid. Morata.

ZABALA, A. (1995): *La práctica educativa. Cómo enseñar.* Barcelona. Graó.

_____. (comp.) (2001): *Cómo trabajar los contenidos procedimentales en el aula*. Barcelona. Graó/ICE.

_____. (2007): *11 ideas clave. El aprendizaje y la enseñanza de las competencias*. Barcelona. Graó.